埃及考古专题十三讲

中国社会科学院考古研究所 编

Lectures on the Archaeology of Ancient Egypt

中国社会科学出版社

图书在版编目（CIP）数据

埃及考古专题十三讲/中国社会科学院考古研究所编.—北京：中国社会
科学出版社，2017.7（2021.8重印）

ISBN 978 - 7 - 5203 - 0937 - 0

Ⅰ.①埃… Ⅱ.①中… Ⅲ.①考古—研究—埃及 Ⅳ.①K884.11

中国版本图书馆 CIP 数据核字（2017）第 217315 号

出 版 人	赵剑英
责任编辑	郭 鹏
责任校对	张艳萍
责任印制	李寡寡

出 版	中国社会科学出版社
社 址	北京鼓楼西大街甲 158 号
邮 编	100720
网 址	http://www.csspw.cn
发 行 部	010 - 84083685
门 市 部	010 - 84029450
经 销	新华书店及其他书店

印刷装订	北京市十月印刷有限公司
版 次	2017 年 7 月第 1 版
印 次	2021 年 8 月第 3 次印刷

开 本	710 × 1000 1/16
印 张	20.75
插 页	7
字 数	280 千字
定 价	128.00 元

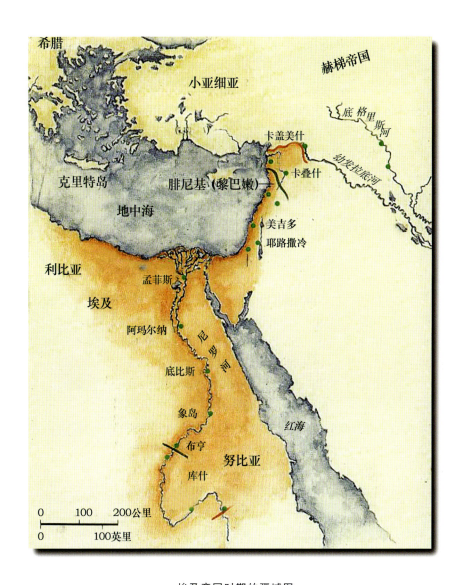

希腊

赫梯帝国

小亚细亚

底格里斯河

卡盖美什

幼发拉底河

克里特岛

腓尼基(黎巴嫩)

卡叠什

地中海

美吉多

耶路撒冷

利比亚

孟菲斯

埃及

阿玛尔纳

尼罗河

底比斯

红海

象岛

布亨

努比亚

库什

| 0 | 100 | 200公里 |

| 0 | 100英里 |

埃及帝国时期的疆域图

第 3 王朝萨卡拉地区的左塞王阶梯金字塔

第 4 王朝吉萨高地的金字塔群

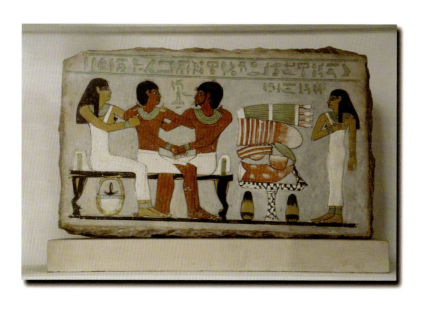

中王国时期的献祭石碑局部（摄于开罗博物馆）

古王国时期的荷鲁斯神守护哈夫拉
法老坐像（摄于开罗博物馆）

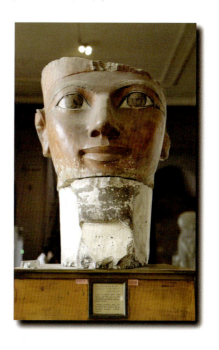

第18王朝哈特舍普苏特女王面部
雕塑（摄于开罗博物馆）

新王国时期帝王谷墓葬入口

新王国时期保存完好的木乃伊棺椁（摄于开罗博物馆）

卡尔纳克神庙区的圣湖

卡尔纳克神庙区的斯芬克斯大道

卡尔纳克神庙区布满铭文装饰的石柱

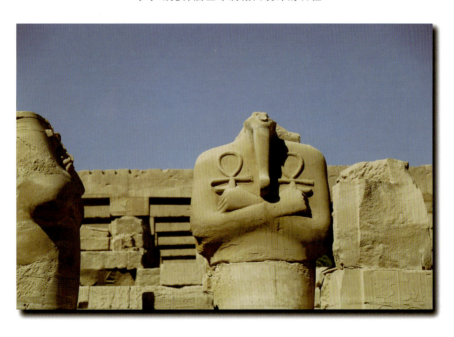

卡尔纳克神庙区残缺的奥西里斯柱

2016 年 1 月中国社会科学院代表团访问埃及国家翻译中心

（左一郭子林　左二王巍　右一李存山）

2016 年 11 月中国社会科学院考古研究所代表团成员与上埃及文物局负责人

莫哈默德·阿布戴尔·阿齐兹先生（左四）会谈

2016 年 11 月中国社会科学院考古研究所代表团成员（左一李新伟　左二陈星灿　左四王巍　右一刘国祥）与美国古埃及研究协会负责人马克·莱纳博士（左三）在开罗会面

2016 年 11 月中国社会科学院考古研究所代表团成员在卡尔纳克圣湖南侧与当地考古工作者合影

2016 年 11 月中国社会科学院考古研究所时任所长王巍（右一）与埃及古物部部长阿纳尼（左一）进行会谈

2016 年 11 月埃及古物部部长阿纳尼先生接见中国社会科学院考古研究所代表团成员（从左到右：李新伟　阿菲菲　阿纳尼　王巍　陈星灿　刘国祥　黄珊）

目　　录

前　　言

中国与埃及均为文明古国，拥有悠久的历史与灿烂的文化。为了增进中埃两国文化交流与文明互鉴，中国社会科学院于 2016 年 7 月将"赴埃及考古发掘与研究项目"正式列为院创新工程重大项目。为了确保该项目的顺利实施，做好前期学术准备工作，中国社会科学院考古研究所特邀国内外知名埃及学专家和埃及考古学家做专题讲座，共十三讲，并将讲座内容汇编成书。

首都师范大学的金寿福教授在第一讲中重点讲述了古埃及象形文字的破译与埃及学的诞生，指出了埃及学研究中存在的若干问题。他在第二讲中介绍了埃及考古和研究的历程，阐述了当前埃及考古的特点和存在的问题。东北师范大学的郭丹彤教授详细讲解了古埃及人的纪年方法和现代人构建古埃及年代学的各种依据和方法。她还从神学体系入手，阐释了古埃及人的创世观念。东北师范大学的李晓东教授讲述了捷尔象牙牌的年代推测问题和埃及学研究中的理论应用问题，考察了"di ᶜnḫ"短语的含义和古埃及人对待雕像以及神祇的态度。美国驻以色列考古研究所所长马修·亚当斯讲述了尼罗河三角洲的早期城市蒙迪斯的考古发现，并阐述了该城对于重构古埃及第 1 王朝至中王国早期历史的重要意义。加拿大英属哥伦比亚大学托马斯·施耐德教授做了五场讲座，他在首场讲座中，讲述了古埃及国家和帝国的形成和发展，涉及了古埃及人的自然环境、历史进程、王权观念、行政和经济、城市和军人阶层的出现等。他在第二讲中，讲述了古埃及人的神祇、神庙、祭司、仪式、宗教改革等，提出了自己关于古埃及神庙建筑以及仪式等方面的独到见解。他在第三讲中，阐述了古埃及人的生死观和丧葬习俗，不仅总结了王室墓葬和葬俗特点，还重点介绍了王室之外的人们的墓葬和葬俗的演变过程。他在第四讲中，深入剖析了古埃及人的社会和身份认同，用大量事实分析了古埃及人的阶层关系、古埃及人对外来人的态度、古埃及人的年龄和妇女地位。在他的最后一场讲座中，他重点讲述了萨卡拉地区的考古发现，特别介绍了近年萨卡拉地区的考古新发现和未来的考古前景。埃及古物部古代埃及文物司司长马哈姆德·哈桑·阿菲菲·埃尔·谢里夫综合介绍了近年来埃及的考古发现，以及外国考古机构在埃及考古的工作情况，并对中国社会科学院考古研究所赴埃及开展考古发掘工作表示欢迎。

上述讲座涵盖了埃及考古及埃及学研究的多个方面，涉及内容十分丰富，既有综述性和专题性介绍，又有关于埃及考古发掘的新收获与埃及学研究的新观点。该系列讲座不仅为中国社会科学院考古研究所赴埃及考古发掘奠定了重要的学术基础，也为国内从事埃及学研究的专业人员提供了重要的学术资料信息和多维的研究视角，更为广大公众提供了关于古埃及文明的全景式讲解。

Introduction

China and Egypt are two ancient civilizations with long histories. In promoting cultural exchange and mutual learning between the two countries, the Chinese Academy of Social Sciences (CASS) launched the Archaeological Excavation and Research in Egypt as a key CASS Innovation project in July 2016. To better implement the program, the Institute of Archaeology, CASS, invited a number of renowned scholars in Egyptology and Egyptian archaeology from China and abroad, to present in the Archaeology of Ancient Egypt Speaker Series. This book is a product of the lecture series.

In the first lecture, Professor Jin Shoufu from Capital Normal University discussed the decoding of Egyptian hieroglyphs and the early history of Egyptology, as well as some major issues in Egyptology In the second lecture, Professor Jin gave an introduction to the history of the archaeology of ancient Egypt, and current archaeological studies. The third and fourth lectures, given by Professor Guo Dantong from Northeast Normal University, cover ancient Egyptian calendars, modern methods for constructing chronologies of ancient Egypt, as well as the Egyptian creation myth from a theological perspective. Professor Li Xiaodong from Northeast Normal University gave the fifth and sixth lectures that addressed the dating of the ivory tablet of Djer (the first Dynasty king) and the use of theories in Egyptology, and examined the meaning of the phrase "di ankh" and ancient Egyptian attitude toward sculptures and gods. The seventh lecture, presented by Dr. Matthew J. Adams, director of the W. F. Albright Institute of Archaeological Research (American School of Oriental Research in Jerusalem) was about the archaeological discovery of Ancient Mendes, an ancient city in the heart of the Nile delta and its significance in the reconstruction of the history from the 1st Dynasty to early Middle Kingdom. Professor Thomas Schneider from the University of British Columbia gave five lectures. First, he provided an overview of the formation and development of states and empires in ancient Egypt, covering natural environment, historical processes, kingship, social organization, economy, urbanism, the rise of military power, etc. Second, Professor Schneider discussed gods, temples, priests, rituals, religious reforms, as well as his own positions on the nature of understanding of the temples and rituals of ancient Egypt. Third, Prof. Schneider discussed ancient Egyptian conception of life and death, and the evolving history of the mortuary practice in both royal and non-royal contexts. Fourth, Professor Schneider focused on the society and identity in ancient Egypt by examining social hierarchies, attitude to foreigners, ages, and the roles of women. Last, Professor Schneider reviewed the archaeological discoveries in Saqqara, especially recent findings and the prospective. The last lecture was provided by Dr. Mahmoud Afifi, head of the Pharaonic Antiquities, Ministry of Antiquities. He discussed recent archaeological discoveries in Egypt and the archaeological investigations carried out by foreign missions. Finally, he welcomed the Institute of Archaeology CASS to conduct archaeological excavation and research in Egypt.

These lectures cover a wide range of topics in the archaeology of ancient Egypt and Egyptology, including overall reviews, discussions on specific subjects, recent archaeological findings, and new perspectives in Egyptology. Intellectually, the lecture series helps prepare the Institute of Archaeology (CASS) for the upcoming archaeological excavation in Egypt; it also serves Chinese scholars in Egyptology with new data and multiple perspectives. Furthermore, it helps the public fully understand ancient Egyptian civilization.

主讲人简介
（第一讲和第二讲）

金寿福

首都师范大学教授，博士生导师，中国社会科学院外国考古研究中心客座研究员。2008年被选举为中国古代中世纪史研究会古代史专业委员会副会长。2013年被评为北京市特聘教授；同年入选国家百千万人才工程，被授予"有突出贡献中青年专家"的荣誉称号。2016年被评为国家"万人计划"领军人才。

1992年至2000年在德国海德堡大学读书，获得埃及学博士学位。在德国、荷兰、英国、美国等国家的专业刊物上发表近十篇学术论文，在德国康斯坦茨大学出版社出版专著一部，获得了国际埃及学术界的认可。先后赴美国布朗大学、埃及开罗大学、新西兰奥克兰大学、德国柏林自由大学、美国驻以色列考古研究所等学术机构访学并做讲座。2012年获得了由埃及政府颁发的埃中文化交流突出贡献奖状和奖章。

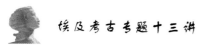

在中国国内学术刊物上发表了近四十篇论文。独立完成一项并正在进行另一项国家社科基金项目，参与完成和正在进行多项国家社科基金重大项目。2014年举办了题为"轴心时代与世界历史"的国际学术研讨会。

第 一 讲

发现和重构古埃及文明

古希腊著名历史学家希罗多德曾说："埃及是尼罗河的赠礼。"发源于非洲中部维多利亚湖和埃塞俄比亚高原的尼罗河构成了纵穿埃及的大动脉，由南向北穿越少雨的埃及国土，流入地中海。整体而言，埃及国土的大部分是沙漠，尼罗河两岸和尼罗河三角洲是绿洲，难怪古埃及人把尼罗河两岸称为"黑土地"，将尼罗河两边较远处的沙漠称为"红土地"，黑色与红色象征了生命与死亡之间的鲜明对照。古埃及人把自己的国家分为南北两个部分，位于今开罗以南的土地叫做"上埃及"，位于开罗以北的三角洲叫做"下埃及"。地形和水文特征各异的两个地区同时暗示了统一的必要性和统一与分裂倾向之间的张力（见图 1 - 1）。

一 18 世纪以前西方人对古埃及的了解

古埃及的历史从大约公元前 3200 年持续到公元前 332 年。公元前 332 年，马其顿国王亚历山大大帝率军征服埃及，之后埃及先后受托勒密王朝、罗马帝国和拜占庭帝国的统治，埃及语和它的载体象形文字逐渐淡出历史舞台，近 3000 年的古埃及法老文明便逐渐被后人遗忘，成为失落的文明。在 18 世纪末至 19 世纪初埃及考古发端和象形文字被破译之前，欧洲人对古埃及文明的了解很有限，可以简单地归纳为以下三个方面。

一是古典作家对埃及的描述。希罗多德等人亲身到埃及游历，不仅记录了风土人情，还对许多与希腊不同的政治、宗教理念和信

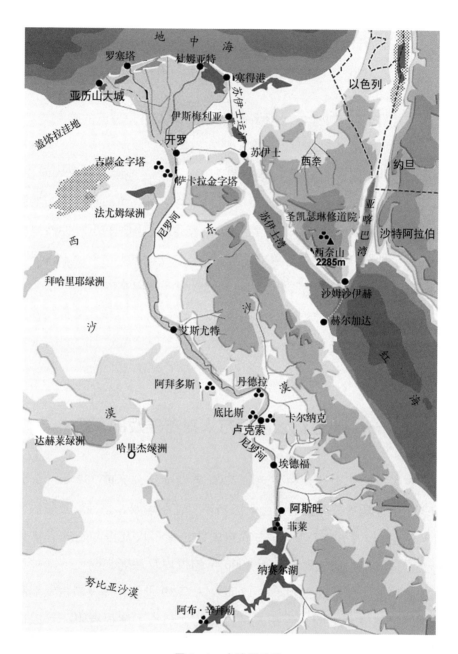

图 1-1 古埃及地貌

仰进行了阐述和比较，为后人了解和探索这个古老的文明留下了宝贵史料。不过他们的记述也有很多与事实不符的地方，有些未曾到过埃及的古典作家们有关古埃及的描写有臆测的成分，也有许多描写不是为了记录事实，而是为当时的政治服务。可以肯定的是，埃及对古典作家们来说是一个陌生而神奇的国家，下面两段话便很好地体现了这点。

希罗多德说：

> 关于埃及本身，我打算说得详细些，因为没有任何一个国家有这样多的令人惊异的事物，没有任何一个国家有这样多的非笔墨所能形容的巨大业绩……不仅是那里的气候和世界其他各地不同，河流的性质和其他任何河流的性质不同，而且居民的大部分风俗习惯也和所有其他人的风俗习惯恰恰相反。

亚里士多德说：

> 用尼罗河水煮蛋，只需要其他河水所需的一半；尼罗河的养分使得埃及妇女经常生育双胞胎，而且怀胎时间只有八个月。

二是《旧约》中有关古埃及社会的描写。因为埃及被认为是以色列人曾经当牛做马的地方，所以法老被以色列人描述为骄奢淫逸的独裁者（见图 1－2）：

> 那地遭遇饥荒。因饥荒甚大，亚伯兰就下埃及去，要在那里暂居。将近埃及，就对他妻子撒莱说："我知道你是容貌俊美的

图1-2　英国画家波因特的作品《以色列人在埃及》

妇人。埃及人看见你必说：'这是他的妻子'，他们就要杀我，却叫你存活。求你说，你是我的妹子，使我因你得平安，我的命也因你存活。"及至亚伯兰到了埃及，埃及人看见那妇人极其美貌。法老的臣宰看见了她，就在法老面前夸奖她。那妇人就被带进法老的宫去。法老因这妇人厚待亚伯兰，亚伯兰得了许多牛、羊、骆驼、公驴、母驴、仆婢。（《创世记》12：10—16）

　　约瑟被带下埃及去。有一个埃及人，是法老的内臣——护卫长波提乏，从那些带他下来的以实玛利人手下买了他去……波提乏将一切所有的都交在约瑟的手中，除了自己所吃的饭，别的事一概不知。约瑟原来秀雅俊美。这事以后，约瑟主人的妻以目送情给约瑟，说："你与我同寝吧！"约瑟不从，对他主人的妻说：

"看哪，一切家务，我主人都不知道；他把所有的都交在我手里。在这家里没有比我大的；并且他没有留下一样不交给我，只留下了你，因为你是他的妻子。我怎能作这大恶，得罪上帝呢？"（《创世记》39：1—9）

有不认识约瑟的新王起来，治理埃及，对他的百姓说："看哪，这以色列民比我们还多，又比我们强盛。来吧，我们不如用巧计待他们，恐怕他们多起来，日后若遇什么争战的事，就联合我们的仇敌攻击我们，离开这地去了。"于是埃及人派督工的辖制他们，加重担苦害他们。（《出埃及记》1：8—11）

《旧约》把埃及描写成了一个以色列人由家族成长为民族以及以色列人在压迫下形成宗教信仰的地方，信奉基督教的西方人无疑把重新发现埃及视为如朝圣一样神圣的事情。

三是阅读那些到埃及游历的欧洲探险家的游记。比如英国旅行家和人类学家波科克（Richard Pococke）到埃及和西亚游历，于 1745 年出版了《东方和其他国家游记》（*A Description of the East and Some Other Countries*）（见图 1 - 3）；丹麦探险家诺登（Frederik Norden）于 1757 年出版了《埃及和努比亚游记》（*Travels in Egypt and Nubia*）。这些游记为欧洲人了解古埃及提供了珍贵的图片。

从整体上看，上述三种资料对古埃及文明的记载是碎片化的；而且，它们毕竟不是历史专著，有与历史事实相违背的地方也在所难免。

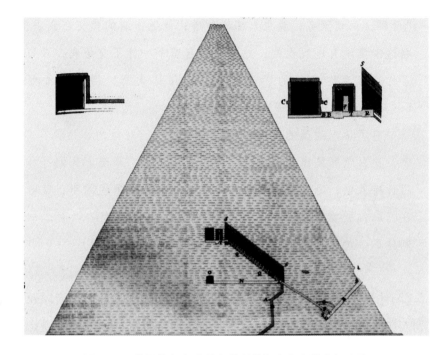

图 1 - 3　英国旅行家波科克绘制的胡夫金字塔内部结构

二　埃及学的诞生

　　古埃及文明真正进入现代人的视线，它的神秘面纱逐渐被揭开，均与拿破仑远征埃及密切相关。1798 年，为了挑战英国的霸权，拿破仑率领十万大军占领了埃及（见图 1 - 4）。不同寻常的是，随军的还有 100 多位法国当时最杰出的东方学家、科学家、制图家、画家和其他艺术爱好者。他们记录了当地的自然景观和风俗人情，描绘众多文物，抄写和临摹神庙和坟墓墙壁上的文字，收集各种文物。这些法国人在回国后做了大量工作，历经近 20 年时间，把这些成果整理出版，形成了 20 卷的《埃及志》（见图 1 - 5）。《埃及志》是现今埃及学研究的珍贵史料。

图 1-4 法国画家热罗姆的作品《拿破仑面对狮身人面像》

图 1-5 20 卷本的《埃及志》

除此之外，拿破仑于同一年在开罗成立了埃及研究所，他推辞掉了学者们请他担任主席的建议，担任了副主席职务并参加数学组的活动。在短短 3 年的时间里，该研究所共召开 47 次会议。这些工作为埃及学的诞生打下了坚实的基础。

我们今天对古埃及文明有了非常详细和相当全面的认识，这要归功于法国学者商博良（Jean-François Champollion）（见图 1-6）。他历经十多年努力，终于成功解读象形文字，找到了通往古埃及这座迷宫的钥匙。早在商博良之前，许多欧洲人为破解象形文字费了不少心血，一些人找到了释读象形文字的关键线索：比如法国人巴泰勒米（Abbe Barthélemy）提出了椭圆形框里的象形文字是神和国王名字的观点；法国人吉涅斯（Charles Joseph de Guignès）认为圣书体文字、祭司体文字和世俗体文字之间相互关联；丹麦人索伊加（Jörgen Zoëga）提出了象形文字当中包含表音符号的见解。

图 1-6　法国学者商博良

在破解古埃及象形文字的过程中，起到关键作用的是罗塞塔石碑，因为它用三种文字记录了同一个内容（见图 1－7）。1799 年，驻守罗塞塔的法国军队在修筑防御工事时发现了这块石头，受过考古训练的布沙尔（Bouchard）中尉大致辨认出石碑上的文字分别为圣书体文字、世俗体文字和希腊文。随军的工程师认读出了古希腊文，内容是托勒密五世于公元前 196 年颁布的一道敕令。文中最后一句说："这道敕令要用埃及语和希腊语刻写在用坚硬石头制作的石碑上。"由此可知，三种文字表达的内容是一致的。法国学者德·萨西（Silvestre de Sacy）精通希伯来语、叙利亚语、迦勒底语、阿拉伯语、

图 1－7　罗塞塔石碑

波斯语、土耳其语,他试图通过对照世俗体文字与希腊文两种文字的方式释读碑文,但无功而返。与德·萨西一样,英国物理学家托马斯·扬(Thomas Young)也拘泥于寻找象形文字碑文与希腊文碑文当中相同的单词,这样他始终无法迈出根本性的一步,也就使他认识不到象形文字毕竟不是图画而是文字,而且其中的一些图画扮演字母的角色。托马斯·扬这种辨认单词的做法根本无法剖析文字的内在机制,比如包括时态在内的语法。

在前人的研究基础上,商博良相信,罗塞塔石碑上的象形文字与希腊文在内容上是相对应的;他进一步认定,假如圣书体和世俗体文本中的一个符号即一幅图表示一个事物、行为或概念,那么其中的符号应当与希腊文本中的单词同样多。但是,希腊文本中只有486个单词,圣书体文本中的象形符号却多达1419个,而且圣书体所在的石碑上端破损,意味着圣书体中的象形符号实际上还要更多。也就是说,不可能所有的象形符号都独立表意。经过仔细辨认,他确认象形符号的数量为166个,根据数量判断,它们作为字母数量太多,作为单词却又太少。商博良把注意力集中在椭圆形圈(即王名圈)(见图1-8)里面的符号,这些符号因为表音,已经被其他学者成功释读。不过,当时人们普遍认为,王名圈里面的象形符号之所以表音,是因为它们表示来自其他语言的名字,除此之外,象形符号并不表音。通过对若干王名圈里面的王名的(例如克娄巴特拉、拉美西斯等)研究,商博良归纳出表音的符号(见图1-9),进而借助这些类似字母的表音符号解读出若干短语和段落的含义,在解读象形文字上获得了真正的突破。这一突破包括以下三个方面的内容:其一,世俗体文字只不过是圣书体文字的简写,二者的语法规则相同;其二,不同的象形符号起到不同的作用,有的象形符号兼有表意和表音的双重功能;

其三，象形文字从本质上说是字母文字。1822 年，商博良发表了他对埃及象形文字中字母的研究结果。此后的埃及学术界把 1822 年视为埃及学诞生之年。商博良此后的研究一步步揭开了象形文字神秘的面纱。他去世以后，于 1836 年出版的《象形文字语法》和于 1841 年出版的《象形文字字典》奠定了他作为象形文字释读者和埃及学创建者的地位。象形文字的破译为现代人进入法老的世界提供了科学依据，激发了欧洲人对古埃及的热情，了解和研究古埃及文明成为风靡一时的社会风尚。当然，原来把象形文字视为天书和神书的人不免感到沮丧，因为这些文字反映的不是宇宙的秘密，而是古埃及人的日常生活和感受。

图 1-8　"金字塔铭文"，可以辨认的椭圆形圈被称为王名圈，王名圈内的象
　　　　形符号是国王的名字

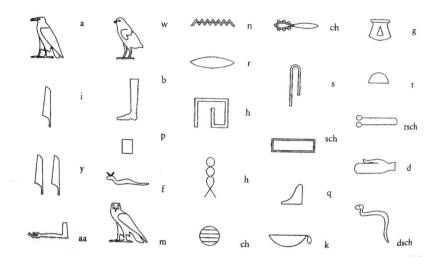

图 1 - 9　埃及象形文字字母表

在欧洲率先完成工业革命的英国，无论从经济上还是从文化上看，都有条件和必要收集和展示古埃及文物，从而满足和强化英国民众对古埃及文明的兴趣。从 1800 年至 1850 年的半个世纪里，英国人出版了至少 100 多部有关埃及的游记。随着民众自我意识和物质生活水平的提升，有关异国文化的展览就像新兴的百货商店和游乐园一样吸引大众的眼球。与古埃及相关的模型、复制品、照片和文字都引起了观众极大的兴趣，甚至促使一部分英国人决定到埃及亲眼目睹（见图 1 - 10）。英国人威尔金森（John Gardner Wilkinson，1797 - 1875 年）因为健康原因离开多雨的家乡远赴埃及，在那里生活了 12 年。根据自己在埃及墓室发现的大量表现日常生活的壁画和浮雕，他于 1847 年出版了《古埃及人的生活方式和习俗》（*The Manners and Customs of the Ancient Egyptians*）这部著作。商博良组织了法国一意大利联合考察队，不仅造访古埃及遗迹并制作图片，还收集了大量实物。在洪堡等人的强烈建议之下，普鲁士的威廉四世登

图 1 – 10　具有古埃及风格的欧洲人家居

图 1 – 11　登上胡夫金字塔塔顶的普鲁士人

基不久便应允资助莱普修斯考察埃及。普鲁士考察队装备优良，随队人员中还有一位牧师。考察队特地选择威廉四世寿辰那一天登上胡夫金字塔，把普鲁士国旗插在金字塔的顶端，并燃放焰火予以庆祝（见图 1 - 11）。普鲁士考察队的足迹遍及埃及和努比亚，埃及总督穆罕默德·阿里为普鲁士考察队提供了充足的劳力和免费的运输服务。

三　收藏古埃及文物的重要博物馆

在埃及学诞生后的近两百年时间里，欧美各大博物馆将搜集和馆藏埃及的各类文物作为工作重心。法国拿破仑被英国人打败以后，大批原来属于法国人的埃及文物进入大英博物馆。1802 年，英王乔治三世把原来在自己名下的罗塞塔石碑赠给大英博物馆。在威廉三世统治的德国，柏林博物馆开始设立埃及分部，后来成为独立的博物馆。位于意大利都灵的埃及博物馆从 1753 年起收藏埃及文物，目前收藏的埃及文物数量仅次于埃及开罗博物馆。美国纽约大都会艺术博物馆从 1906 年开始收集埃及文物，目前共有 26000 多件藏品，大部分藏品分在 40 个展厅展出。美国纽约布鲁克林博物馆于 1897 年对公众开放，埃及藏品主要通过购买美国埃及学家威尔伯（Charles Edwin Wilbour）等人的私人收藏品逐步形成。美国波士顿艺术博物馆于 1876 年对大众开放，埃及藏品主要来自美国哈佛大学在埃及的考古发掘成果。埃及开罗博物馆始建于 1835 年，之后几经迁移，于 1902 年落成在目前的解放广场上，收藏了大量的古埃及文物，最重要的当属摆列在二楼的图坦卡蒙墓葬出土的随葬品（见图 1 - 12—图 1 - 19）。

图 1 - 12　英国大英博物馆及馆藏古埃及文物

图 1 - 13　法国罗浮宫及馆藏古埃及文物

图 1 - 14　德国柏林博物馆及馆藏古埃及文物

图 1 - 15　意大利都灵博物馆及馆藏古埃及文物

图 1 - 16　美国纽约大都会艺术博物馆及馆藏古埃及文物

图 1 - 17　美国纽约布鲁克林博物馆及馆藏文物

图 1-18　美国波士顿艺术博物馆及馆藏古埃及文物

图 1-19　埃及开罗博物馆及馆藏古埃及文物

四　问题与思考

与考古发掘同时，人们对流传下来的古埃及文物和文献进行释读、评注和翻译，建构和复原古埃及文明，了解和探讨古埃及文明的发端、发展和衰亡过程。在这里需要注意的是，马涅托编写的法老时期的历史也以朝代作为骨架和脉络，但是他定义的朝代与中国古代的王朝不尽相同。在马涅托看来，王位在父子之间的传承是标志一个朝代延续的关键标准之一，因此马涅托王表中朝代的更替并不意味着社会的动荡和文化的断裂（见图1-20、表1-1）。另外，国王所在的都城发生的变化在以王权为核心的宫廷史料中占据重要的位置，但对边缘地区和社会下层影响甚微。考古学在很大程度上能够平衡文字记述中偏帝王将相和偏中心区域的缺陷，可惜这一点正是很多埃及学家经常忽略的问题。

图1-20　帕勒莫石碑上的古埃及王名表（现馆藏于意大利帕勒莫博物馆）

表 1－1　　　　　　　　　　　古埃及年表

王朝	年代	时期
第 1 至第 2 王朝	约公元前 3200 年至前 2649 年	早王朝时期
第 3 至第 8 王朝	约公元前 2649 年至前 2134 年	古王国
第 9 至第 10 王朝	约公元前 2134 年至前 2040 年	第一中间期
第 11 至第 14 王朝	约公元前 2040 年至前 1640 年	中王国
第 15 至第 17 王朝	约公元前 1640 年至前 1550 年	第二中间期
第 18 至第 20 王朝	约公元前 1550 年至前 1070 年	新王国
第 21 至第 25 王朝	约公元前 1070 年至前 712 年	第三中间期
第 26 至第 31 王朝	约公元前 712 年至前 332 年	后期埃及

　　我们现在虽然发现并构建了古埃及历史，但在这一过程中还是存在一些问题。

　　首先，埃及学在成为一门学科的过程中出现了错误：相关的学者片面地以古典学为模板，以清高的姿态躲在象牙塔里倾心于学术研究，使得他们的学问与公众需要的有关古埃及历史的知识脱节，在某种意义上把普及古埃及历史和文化的任务让给了通俗作者，为别有用心的人如一些共济会成员钻空子提供了方便。从这个角度来说，象形文字被释读并没有完全揭开原来笼罩古埃及的面纱。

　　其次，西方人创立的埃及学所研究的时间段一般从史前时期到亚历山大大帝征服埃及为止，有的学者把下限放宽到托勒密时期，只有少数学者把罗马人统治埃及的时期也纳入进来，但是绝对没有哪位学者会把埃及学与伊斯兰教传入以后的埃及联系在一起（见表 1－1）。两种形式的东方主义由此形成：一是西方优越于东方，因为东方文明需要西方人发现并给出正确的解释；二是法老埃及优越于现代埃及。两种形式的东方主义在殖民时期尤为严重，这在一定程度上促成了现代埃及人与古埃及人的历史和文化之间的隔膜。

最后，对于现代埃及人来说，语言、文化、宗教等差异促成了他们与传统埃及学所研究的历史之间的断裂，他们面临严峻的身份认同问题，甚至可以说是危机。对于今天的埃及人来说，不管是信仰伊斯兰教的穆斯林，还是信仰基督教的科普特人，他们都面临双重严峻的身份认同问题。其一，如何看待和摆正自己与古埃及人历史和文化之间的关系，如何在保持和强化身份的同时继承古老的传统。其二，如何应对西方人一手创建起来的埃及学。毋庸置疑，科普特语是古埃及语的变体，古埃及语虽然被纳入到闪含语系，属于闪米特语系的阿拉伯语与古埃及语之间的渊源关系绝不是西方语言之间的关系所能比拟的。但是，埃及学是由西方学者一手建立起来的学科。古埃及语的解读方式在语音、语法和语义方面都被打上了西方的烙印，古埃及历史和文化的重新建构更是浸透了西方的思维模式。从地域上来讲，现代埃及人无疑是古代埃及人的后代，但是他们如何才能架构起连接自己与祖先的桥梁，这是他们必须正确看待和认真解决的大问题。如何在保持自身伊斯兰教和基督教信仰的前提下继承法老时期的文化传统，如何在西方建构并主导的埃及学话语体系中争取平等对话的权力，如何在限制文物外流的同时吸引和增强外界对法老时期建筑和器物的关注等，都是需要认真思考的问题。

（整理者：朱彦臻　秦超超）

第二讲

埃及考古的发端与现状

一 埃及考古的发端

埃及这个文明古国享誉世界。早在中世纪，西方学者便对古埃及文明产生了浓厚的兴趣，真正的埃及考古应当说是法国拿破仑远征埃及的产物。从 1798 年至 1801 年，随拿破仑来到埃及的法国学者发现并勘探出埃及许多古迹（见图 2 – 1），后来他们把绘制的图片和相关的记录和记述出版为 20 卷的《埃及志》。1827 年至 1829 年，商博良与他的第一个学生意大利人罗塞利尼组织了法国—托斯卡纳联合考察队，他们的足迹从亚历山大城一直到位于努比亚的阿布·辛拜勒。他们不仅发现了大量古埃及的遗址和遗迹，还收集了许多实物。1843 年至 1845 年，普鲁士考察队对埃及大量地上遗迹进行详细记录，尤其是对墓室的结构和墓壁上的字画做了准确的复制，他们还制作了第一幅精确的埃及地图和许多古迹的地形图和复原图（见图 2 – 2）。

图 2 – 1　法国人在测量狮身人面像的高度

图 2-2 普鲁士考察队绘制的吉萨高地胡夫金字塔以及官吏墓地的示意图

(一) 早期埃及考古

在早期从事埃及考古的众多学者中，法国学者马里耶特的贡献尤为突出。马里耶特自幼对埃及学感兴趣，借助商博良的埃及语字典和语法书结合法国罗浮宫馆藏的古埃及文物自学古埃及语，于 1849 年完成了法国罗浮宫古埃及铭文和纸草文献编目工作。在得知英国人在埃及多处修道院获取许多科普特语手稿之后，马里耶特于 1850 年受命前往埃及，目的是为法国罗浮宫收集有关早期基督教的科普特文手稿。由于原来散落在各地修道院的科普特文手稿此时已经被送给开罗大主教统一保管，马里耶特便用手中的资金在埃及萨卡拉地区进行发掘，之后把大量出土文物带回法国罗浮宫，开创了埃及考古的先河。在埃及从事文物收集和考古发掘期间，马里耶特目睹了埃及文物被掠夺、盗掘和破坏的惨相，产生了强烈的使命感，于是决定积极投身于埃及文物保护事业当中。经他多方呼吁，埃及政府于 1858 年在布拉克建立了一座临时博物馆，它是埃及开罗博物馆的前身。1859 年，马里耶特说服埃及总督萨义德建立文物部，他担任了该部门的首任领导，并着手制定文物法和考古发掘许可证制度，规范外国人在埃及的考古发掘。

马里耶特为埃及考古步入正轨做出了巨大贡献，他的工作为现代意义上的埃及考古学的诞生奠定了坚实基础。接替阿巴斯一世希里米帕夏的伊斯梅尔帕夏希望马里耶特建造一座新的博物馆，以便使法老时期、希腊罗马时期和伊斯兰教时期的文物都能够在那里找到归宿。这个宏图因为各种原因未能实现。1902 年，位于开罗解放广场的埃及开罗博物馆才正式开馆，这座博物馆收集的文物主要集中于法老时期（见图 2－3）。1904 年，马里耶特的石棺和雕像被安放在埃及开罗博物馆院子里，供人缅怀和瞻仰。

另一位值得一提的重要人物是英国女作家爱德华兹。她在阅读了威尔金森的《古埃及人的生活方式和习俗》以后，对埃及文明产生了强烈的兴趣，于 1873 年至 1874 年游历了埃及和叙利亚等地区。爱德华兹回英国后于 1877 年出版了纪实性小说《尼罗河千里纪行》（*A Thousand Miles up the Nile*）一书，她不仅因为作品成为畅销书而一夜成名，还因为作品使其获利而有了资助埃及考古的经济条件（见图 2－4）。1882 年，爱德华兹出资并募捐成立了"埃及考察基金会"（Egypt Exploration Fund），1919 年改名为"埃及考察协会"［Egypt Exploration Society，（EES）］。该基金会把位于埃及尼罗河三角洲东部的戴尔—马斯库塔（Tell el-Maskhuta）确定为首个考古地点，曾经参与整理和出版普鲁士的埃及考察队资料的瑞士学者纳维尔（Edouard Naville）被聘任为考古

图 2-3　埃及开罗博物馆

队领队。纳维尔在此次发掘中发现了拉美西斯二世建造的军营和粮仓遗址，似乎为《旧约》中有关以色列人为埃及法老建造宫殿和城墙的记述提供了佐证。这项考古发现激发了许多欧洲人对古埃及尤其是有关以色列人在埃及生活处境的极大兴趣，他们为埃及考察协会的长远发展提供了资金保证。

之后，爱德华兹决定将募集到的资金用于发掘同样位于埃及尼罗河三角洲东部的塔尼斯。纳维尔因其他公务无法脱身，后世被称为"埃及考古学之父"的英国学者皮特里（William Flinders Petrie，1853—1942 年）被任命为考古队领队。爱德华兹和皮特里联手成立了"古埃及文物保护协会"（Society for the Preservation of the Monuments of Ancient Egypt），旨在阻止埃及文物流失和被破坏。他们建议位于埃及

图 2 - 4　英国女作家爱德华兹和她的《尼罗河千里纪行》

开罗的博物馆出售门票，要求埃及当局从旅游税收当中拿出一部分用
于保存和修复文物。1886 年，皮特里提出了把自己在埃及各地发掘的
许多陶器和小件出土文物捐赠给英国大英博物馆的建议，身为英国大
英博物馆东方部主任的巴奇（Ernest Wallis Budge）拒绝接受这些在他
看来毫无价值的东西。从此以后，皮特里停止与英国大英博物馆进行
任何形式的联系和合作。爱德华兹创建的"埃及考察基金会"于
1892 年在英国伦敦大学学院（UCL）设立埃及考古学教席，皮特里成
为第一位教席拥有者。1913 年，皮特里将自己的私人藏品捐赠给伦敦
大学学院，促成了伦敦大学学院皮特里博物馆（Petrie Museum）的诞
生。经皮特里多方努力，"埃及考察基金会"于 1914 年创办了英语世
界的第一份埃及学专业刊物《埃及考古学杂志》　（*Journal of the*

Egyptian Archaeology），该杂志已成为埃及学尤其是埃及考古领域的权威杂志。爱德华兹和皮特里的以上工作对后世产生了重要影响。

皮特里对埃及考古学乃至世界考古学都做出了重要贡献，最重要的应当说是他在总结其发掘大量史前墓葬结果后所创建的"序列断代法"。从 1891 年至 1892 年，皮特里对位于埃及涅迦达（Nagada）的史前墓地进行了发掘，出土物包括燧石刀、权标头和陶器。他仔细记录和分析了这些器物的装饰图案、使用程度和出现频率，以便复原它们的演变过程并建构它们风格上的年代学，从而发展出"序列断代法"。他根据出土陶器的把手、形状、陶器上的图案、陶器的使用情况以及这些陶器出土的考古层位等因素，将这些陶器分为九个类型，然后依据它们在哪些墓葬出现以及它们出现的频率确定其时间上的相对顺序，使得古埃及新石器文化的相对年代由此建立起来。他的这个断代法不仅为埃及史前年代学的构建提供了一个相对科学的年代序列，还证明了古埃及文明是尼罗河史前文明发展的结晶，是原生的文明并非外来入侵者带来的火种或两河文明传播的结果。同时，在考古学理论和方法上，皮特里提倡并身体力行一系列考古发掘规则，包括仔细记录发掘过程，严格再现每一件物品被发现时的具体和准确的位置，以及它们与其他物品之间的关系，即考古发掘情境（Archaeological Context），并及时发表或出版考古成果。1904 年，皮特里把多年的考古发掘经验加以总结，出版了专著《考古学的方法与目的》（*Methods and Aims in Archaeology*），详细论述了他关于考古学方法和目的的观点，为考古学的诞生和发展奠定了基础（见图 2 – 5）。

一提到埃及考古，人们马上会想到图坦卡蒙墓的发现，认为埃及考古就是一种猎取宝藏的活动，他们把埃及视为创造考古奇迹的天堂。事实上，作为非常严肃的考古学家，英国人卡特在发现图坦卡蒙

图 2 – 5　"埃及考古学之父"皮特里

墓之前曾担任埃及文物部官员，为保护埃及文物做出了努力。后来在帝王谷历经十年艰苦的工作之后，终于在 1922 年发现了图坦卡蒙墓（见图 2 – 6）。在图坦卡蒙墓发现之后的最初几年，因为媒体和公众过度关注，卡特对陵墓的发掘和对墓葬品的清理工作受到了干扰。一直到 1925 年，卡特率领的团队才得以全身心地投入到清理、编目和保存出土文物的工作当中，到 1932 年告一段落（见图 2 – 7）。这项前后持续了 8 年的艰苦工作可谓团队合作的经典范例，这在很大程度上得益于卡特近乎偏执的性格。皮特里对此做出了精辟的论断，称图坦卡蒙墓被卡特发现"可谓幸运之至"。

图2-6　图坦卡蒙墓中的棺椁以及壁画

图2-7　英国考古学家卡特在清理图坦卡蒙的内棺

（二）抢救性考古

除了西方学者进行的大量考古活动以外，因为种种原因，在埃及考古当中有很大的比重属于抢救性考古。主要原因有三个方面：

第一，大部分埃及文物的时间超过了 3000 年，它们饱经风霜，损坏程度已经十分严重，需要及时地进行记录和修复（见图 2-8）。

图 2-8　急需保护的古埃及墓葬壁画

第二，猖狂的文物盗掘活动导致大量埃及文物丢失，这是学术上的巨大损失。在戴尔—巴哈里，拉苏尔家族发现了一个集中存放王室木乃伊的陵墓。当这个家族的成员需要钱款时便从中拿出几件文物到黑市出售，这一情况持续了近 10 年以后才被埃及文物部官员发现。埃赫那吞统治时期，埃及王室与西亚多个君主有书信往来。用楔形文字书写的泥板书信被存放在王室档案馆里。埃赫那吞建造的都城后来被废弃,这些遗弃在残垣断壁中的书信被流沙和灰尘掩埋。为了赚取更多的钱,19世纪末发现这些书信的埃及农民把不少泥板故意弄碎,卖给来自不同国家的文物商。结果,同一件文物的多个碎片归属几个博物馆。从这个意义上说,发现和整合并释读被后人弄碎的文物也成为考古学家的任务,可谓"博物馆空间内的考古"。

第三,埃及为促进社会发展而修筑的大量基建工程项目日渐增多,在很大程度上损毁了埃及古迹。阿斯旺大坝的修建导致埃及南部大量文物古迹被淹没。在阿斯坦大坝建造之前和建造过程中,埃及文物部门联合英、美乃至联合国教科文组织等国家和国际机构,先后三次组织人员对努比亚(今日埃及与苏丹边境地区)进行勘察,对数十座神庙进行了迁移。

在阿斯旺附近拦截尼罗河的阿斯旺大坝项目始于1898年,高达30米、长达2公里的大坝(Aswan Low Dam)于1902年竣工。由于灌溉和生活用水需求量的快速增长,埃及政府于1907年决定加高大坝至35米。当时预计,在大坝建成之后,上游100多平方公里的土地会被淹。埃及文物部门组织人力对即将被淹没的古代遗址进行抢救性发掘。

第一次努比亚考古勘查(Archaeological Survey of Nubia,1907—1911年)由美国哈佛大学埃及学家赖斯纳(George Reisner)领队。赖斯纳首次成立了由来自不同学科的专家组成的考古队,运用了考古学术界通用的测量和记录方式和方法——比如绘制系统的剖面图、记录考古地层,从而有可能对采自特定发掘点的大量考古信息加以综合。赖斯纳这一具有开创性意义的考古发掘理论和实践对之后的埃及考古和南、北美洲考古产生了深远影响,为从事埃及考古的学者了解其他领域的研究方法和技术、为埃及考古融入世界考古做了有益的尝试。

1924 年，埃及政府又决定把阿斯旺大坝加高到 41.5 米。因此便组织了第二次努比亚考古勘查（1929—1934 年），此次勘查由英国考古学家埃默里（Walter. B. Emery）负责。

1960 年，埃及政府决定在旧坝以南建造新的阿斯旺大坝（Aswan High Dam），此次组织的第三次努比亚考古勘查不仅规模巨大，而且持续时间长达 20 年之久。联合国教科文组织曾呼吁全世界各国政府和私人组织筹集资金拯救努比亚地区古埃及遗址。当时，数十座神庙需要迁移——包括位于菲莱岛（Philae）上的多座神庙、位于贝特—瓦里（Beit el Wali）的神庙、位于卡拉布沙（Kalabsha）的神庙、位于阿布·辛拜勒（Abu Simbel）的神庙（见图 2 - 9 和图 2 - 10）等。

图 2 - 9　把位于阿布·辛拜勒的拉美西斯二世神庙切割成小块石头，搬运到高处以后再拼装

图 2 - 10　迁移后的阿布·辛拜勒大神庙入口

二　埃及考古的现状

（一）现代埃及考古的四大特点

埃及考古归纳起来有以下四个特点：

第一是国际性。埃及考古自诞生伊始就吸引了世界各国的关注，主要以欧美的传统大国为主，近些年来波兰和捷克等国异军突起，日本自 20 世纪 60 年代开始也在埃及考古领域做出了一些成绩。第二是埃及考古所揭示的文明的延续性。古埃及文明史前后长达 3000 多年，因为埃及地理位置特殊，其文明得以在很长时间里在没有大规模外来入侵和破坏的情况下发端和发展，加上埃及气候干燥和古埃及人喜欢用石头作为建筑材料，保存下来的文献和文物为复原文明发生、发展和衰落的过程提供了难得的条件。第三是埃及考古的多样性。埃及考古的发掘点从史前聚落到王宫遗址、从沙漠到海洋、从采石场到冶炼场，发掘出来的东西从木乃伊到纸草，可谓种类繁多。第四，即埃及考古的最后一个特点是，它已经成为各种考古理论诞生和运用的圣地。文明的起源与传播、国家的诞生、中心与边缘区域间的互动、文化交流交融以及远距离商品贸易等理论均在埃及考古中得到了运用和验证。

古埃及人从史前时期开始建造的坟墓为今天的我们保存了许多早已销声匿迹的植物和动物的痕迹。不少人类学家和历史学家从墓室壁画中的西亚人的形象着手，构建早期民族迁徙的脉络。古埃及人在墓室壁画和浮雕中精细地描画的鸟也为鸟类学家提供了不可多得的研究材料，他们从中得知原来在埃及和埃及以南的非洲中部栖息的鸟的种类，由此探讨埃及以及非洲北部气候变化的过程。在早期有关放射性^{14}C测年的研究中，美国物理化学家利比（Willard Libby）把古埃及文物作为样品。埃及考古学家们得以从20世纪50年代开始应用这种全新的测年方法，不仅确定了埃及从史前向历史时期过渡的相对年代，也为整个地中海区域相对年代即这些区域的横向年表的构建提供了有力证据。20世纪80年代中期，放射性^{14}C测年技术应用树轮年代学曲线校正，古埃及文物又一次成为试验品。从20世纪80或90年代开始，考古学家们借助从墓葬和聚落出土的食物残余，对古埃及人的食物制作方式——如烤面包、酿造葡萄酒和啤酒以及他们的饮食结构进行研究。此外，对双耳细颈椭圆罐等容器内葡萄酒残余物的分析也大大促进了有关古代地中海远距离贸易的研究。

特别值得指出的是，西方学者从1820年开始就把木乃伊作为重要的研究对象。早在1834年，英国外科医生佩蒂格鲁（Thomas Joseph Pettigrew）就出版了《埃及木乃伊的历史》（*History of Egyptian*

Mummies)。据说这位医生甚至在家里向人展示解剖木乃伊的过程，被人戏称为"木乃伊佩蒂格鲁"。1896 年，德国学者柯尼希（W. König）拍摄有木乃伊照片。若干年以后，澳大利亚籍英国解剖学家史密斯（Grafton Elliot Smith）把放射线透视技术应用到木乃伊研究领域，使得木乃伊成为研究人类进化、种族、基因、遗传等领域诸多问题的珍贵标本。近些年，学者们成功地从木乃伊提取 DNA，不仅为古埃及历史中悬而未决的问题（如图坦卡蒙的死因、埃赫那吞与图坦卡蒙之间的亲属关系等）提供了线索甚至定论，也为其他领域的研究开辟了广阔的空间，比如学者们在木乃伊身上发现了目前已知最早的坏血病、心脏病、乳腺癌的例证，通过制作成木乃伊的胎盘可以研究诸如婴儿发育、早产等医学问题。

（二）埃及考古存在的问题

虽然埃及学和埃及考古学经历了 200 余年的发展，取得了举世瞩目的成就，但依然存在许多问题。这些问题值得今人思考，因为它们关系到埃及考古的未来走向问题。

第一，埃及学家一直面临如何兼顾和融合出土物所包含的一般性社会经济信息与古埃及文献表现的特殊历史信息问题。虽然史前时期的考古发掘出土物没有文字信息，但史前考古学家有更大的自由空间，完全根据留存下来的物质文化演绎出理论，提出假设。在埃及考古学术界，因为保存下来的文字比较多，传统的埃及考古学家拘泥于文字的解读，他们很容易把文字材料视为信史，进而形成主观性很强的见解，反而把考古证据视为不会说话的废物。在这里，笔者以史学家长期争论不休的有关喜克索斯人进入埃及的方式以及他们统治埃及的性质问题为例：根据马涅托的记载，埃及遭受了喜克索斯人的武装入侵和征服，"一群来历不明的人怀着必胜的信念从东边入侵我们的国家……他们毫不留情地烧毁了我们的城市，把神庙夷为平地"；根据新王国时期几个法老的记述，是他们率领军队把可恶的喜克索斯人驱逐出埃及，并且把这些万恶的外族的都城夷为平地，但是考古学家们却经过几十年在埃及三角洲的发掘勾勒了别样的图景。在喜克索斯人曾经的都城阿瓦利斯（Avaris），考古学家们并没有发现任何大规模破坏的痕迹。相反，他们看到的是这座城市长期发展和演变的清晰图景。起初是纯粹埃及人的居住和墓葬习俗，然后开始出现外来人的居住和神庙建筑风格，再后来出现了埃及—西亚融合而成的物质文化。换句话说，最早的喜克索斯人是作为熟练的技术工人（造船和航海）来到埃及的，他们受雇于埃及王宫，制造适合远航的船只，或者指引埃及人到地中海东岸的黎凡特进行贸易。后来，富于喜克索斯人特征的居住区域和墓地应运而生。随着埃及王权的没落，喜克索斯人建立了自己的王朝。喜克索斯人的王宫壁画中出现了克里特克诺索斯王宫壁画的主题，说明他们是地中海地区远距离贸易和文化交融的促进者和获益者。另外，有关火烧喜克索斯人都城的说法也未能得到证实，考古学家看到的反而是富有喜克索斯和地中海特色的建筑以及有别于传统埃及风格的主题和画面。如何协调考古信息和文献记载二者间的关系，从而更加全面地建构和复原古埃及历史，已经成为需要埃及学家和考古学家们共同探讨的问题。

第二，考古工作涉及的物质文化所反映的变化，与以往以朝代——即以统一国家和中间期为骨架的纪年之间出现了脱节。换言之，原来被视为指南针的年表逐渐丧失其指导意义。第6王朝与第7王朝之间究竟存在什么样的区别，两者之间究竟发生了什么变化；第三中间期与后期埃及（Late Egypt）之间又有怎样的差别？事实说明，这些问题无法单纯从历史学的角度进行回答。从 20 世纪 60 年代开始，考古学家发展出新的纪年体系，更多地关注物质文化方面的变化（主要借助地层分析和微辐射探测技术）。他们的结论似乎是，不应当过分强调政治对社会经济和文化艺术的影响。

第三，在埃及学术界，多数学者主要甚至完全依赖文字材料，不少使用考古学和人类学理论的学者对传统埃及学家的研究路径提出了挑战。关键还在于，文字只是社会精英们的产品，而考古材料同时反映了占据社会主体的民众的生活现状和诉求。只有把两种材料有机地结合起来，才有可能看到社会的全貌。文字在很大程度上表达了统治者和上层阶层的理想和意愿，它传达的更多的是"事情应当如此"，而考古发现既反映了统治者的理念，也表达了广大被统治者的处境和感受，它更多地反映了"事实原来如此"。

第四，埃及考古资源异常丰富、种类繁多、保存程度相对好，许多从事埃及考古的学者忙于整理和进行描述，很少分析和阐释。他们今后应当在分析和阐释方面投入更多的精力，并争取获得突破。此外，19 世纪的埃及考古学家们专注于神庙和墓葬——因为当时他们相信上述两个考古领域提供的历史信息最为丰富和可靠。他们强调历史的变化和艺术风格的演变，以器物为导向（Object-Oriented），关注葬俗胜过日常生活，而忽视了古埃及人日常生活的连续性。直到 20 世纪 60 年代，对史前遗址和法老时期聚落的发掘才逐渐受到重视，埃及考古开始出现重大变化。埃及政府日益意识到法老文明构成整个国家历史的组成部分，同时认识到旅游业对国民经济的重要性。埃及文物部有计划地迁移居住在法老文明遗址上的居民，无疑为考古工作者提供了新的机遇。相对于墓葬，聚落可以更加直接地告诉我们古埃及人的所思所想和所作所为。

第五，传统的埃及学家和考古学家不大愿意接受和运用新的理论和分析模式，其结果是没有经过分析和梳理的信息大量堆积。按照史密斯（H. S. Smith）的观点，这个问题是从事历史学和考古学的学者们的先天性缺陷。对历史学家和历史考古学家们来说，他们的研究对象是极为复杂的社会，一方面是大量流传下来的文献和文物，另一方面这些又远远不足以展现某一特定时期的文化全景或者该文化的整个发展过程，结果是，历史学家和历史考古学家倾向于说模棱两可的话，因为他们只知其一不知其二，或者说知其然不知其所以然。

总而言之，迄今为止，埃及考古已经取得了丰硕的成果；具有广阔的发展空间；与涉及其他古代文明的考古学相比，得到了媒体和公众更大的关注。不过仍然存在不少的问题和困难。

（整理者：秦超超）

主讲人简介

（第三讲和第四讲）

郭丹彤

东北师范大学世界古典文明史研究所教授、博士生导师。中国世界古代中世纪史研究会古代史专业委员会理事，中国社会科学院外国考古研究中心客座研究员，国际埃及学家联合会会员。国家社会科学基金项目和教育部人文社会科学基金项目通讯评审专家。入选教育部新世纪优秀人才支持计划，吉林省长白山学者特聘教授。

在《历史研究》《史学理论研究》《世界历史》《史学集刊》《东北师大学报》、*Journal of Ancient Civilizations*、*World History Studies* 等权威期刊杂志上发表学术论文 50 余篇，并出版专著 3 部。其中，专著《埃及与东地中海世界的交往》入选 2010 年度国家哲学社会科学成果文库，三卷本《古代埃及象形

文字译注》入选"十二五"国家重点图书、音像、电子出版物出版规划。承担国家社会科学基金项目 2 项、国家出版基金项目 1 项、教育部人文社会科学研究项目基地重大项目 1 项、教育部人文社会科学研究项目规划基金项目 1 项。

第 三 讲

古埃及的年代学

年代学是历史学研究的前提条件，也是构成历史学的一个重要分支。埃及年代学的研究始于19世纪早期，是与埃及学的创立同步的。在埃及的大部分历史时期，埃及人用每一位国王的统治年代来纪年。然而，古代埃及人并没有给我们留下一个国王统治顺序和每位国王统治年数的完整的、连续的资料，只有一些零散的资料流传下来。这些资料包括王名表、载有国王统治年数的家谱、载有国王统治顺序和年代的原始文献和考古资料，另外还有其他国家的、提到了同时代埃及国王的历史文献及天文学数据。它们是我们构建埃及年代学的主要依据。此外，埃及年代表中的"王朝"由公元前3世纪的僧侣学者马涅托勘定，后人在他所划分的30个王朝的基础上又加上了1个王朝（波斯第二次统治埃及时期），于是就形成了流传至今的埃及31个王朝。但是，在历史分期和王朝的起止时间等问题上，目前学术界仍未达成共识。

　　所谓年代学就是关于历史事件发生、发展和结束时间或排列顺序的科学。与西方的公元纪年方式不同，古埃及和中国的纪年更为相似。古埃及人早期的纪年以牲畜的全国清查作为标准——即"第X次牲畜清查"。随着经济的发展，牲畜数量增加，这种纪年方式逐渐不再符合社会的发展。从第12王朝开始，牲畜清查纪年的方式被放弃，埃及人开始用每一位国王的统治年代来纪年，即"某法老统治的第X年"。

　　然而，古埃及并没有一个连续完整的国王统治年代顺序表，这给埃及学家们留下了一个重要研究课题。现代学者为了建立一套可信的历史年代表，就必须找到埃及纪年与公元纪年的转换方法——因为埃及纪年与公元纪年之间并不吻合。学者们关于古埃及历史年代表没有形成一致认识。例如，著名的埃及学家加德纳（A. Gardiner）、布列斯特德（J. Breasted）和皮特里（W. M. Petrie）等人都在各自的著作中给出了自己的历史年代表，这些年代表的具体时间都不一致。甚至可以说，几乎每本埃及史著作里面都有一张年代表，而每个作者给出的古埃及年代表都略有不同。综合来看，埃及年代学的研究存在着三种不同观点：以贝恩斯和玛莱克（Baines/Malek）为代表的早期说；以贝尔（Baer）为代表的中期说；以万特（Wente）为代表的晚期说。经过几代学者的研究，古埃及年代的重建已经大致完成，英国著名埃及学家伊安·肖（Ian Shaw）在《牛津古代埃及史》中给出的年表是目前学术界比较公认的年表。

埃及年代学建立所需要的第一种资料是王名表，这是古代埃及人记录国王名字及相关重大事件的一种形式。从某种意义上说，它是埃及历史上重要的文献资料。

在王名表领域，第一件重要史料是帕勒莫石碑（Palermo Stone）（见图 3-1）。帕勒莫石碑共有七块残片，其中最大、最完整的一块珍藏于意大利西西里岛的帕勒莫博物馆，其余残片分别收藏于英国伦敦和埃及开罗等地的博物馆内。帕勒莫石碑上刻有目前已知历史最悠久的王名表，它罗列了前王朝末期至第 5 王朝早期历代法老的名字，从第 3 王朝开始记录的内容增加了祭祀和尼罗河泛滥等大事记。

在王名表领域，第二件重要史料是一份收藏在意大利都灵博物馆中的纸莎草文献，它也因此被命名为"都灵王名册"（Turin Canon）（见图 3-2）。该王名册记录了从第 1 王朝到第 17 王朝法老的详细信息。这是目前已知时间跨度最大的王名册，是现代埃及年代学建立的重要依据。"都灵王名册"记录详细，不仅书写有每个国王统治的时间，还记录了从中王国开始的国王们的年龄。

图 3 - 1　帕勒莫石碑

图 3 - 2　"都灵王名册"

第 19 王朝的三个王名表同样具有重要研究价值。拉美西斯二世和他的父亲塞提一世的两个王名表内容相同,被雕刻在阿拜多斯的神庙墙壁上,"阿拜多斯王名表"(Abydos King-list)由此得名(见图 3-3 和图 3-4)。它共记录了 76 位国王的名字,国王的名字被刻写在王名圈内,依次排开,在每个王名圈的下方都刻画着一位国王的肖像。值得一提的是,阿拜多斯王名表并没有遵循真实的历史而记录下每位统治者的名字,把当时认为是异端的统治者从名单中剔除出去,埃赫那吞和随后几位第 18 王朝的统治者在该王名表中杳无印记。第 19 王朝的第三个王名表是"萨卡拉王名表"(Saqqara King-list),它出现在图特摩斯三世时期一位高官的墓室里,"异端统治者"的王名也没有出现在其中(见图 3-5)。

图 3-3 "阿拜多斯王名表"

The King List of Abydos.

图 3 - 4 "阿拜多斯王名表"线图

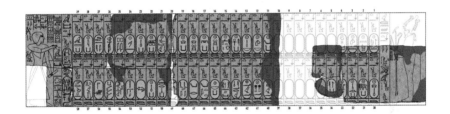

图 3 - 5 "萨卡拉王名表"

在王名表领域，第三件重要史料是雕刻在卡尔纳克神庙墙壁上的"卡尔纳克王名表"（Karnak King-list），上面共记载了 62 位国王，每个王名的下边都有一位端坐在王座上的国王形象。每位国王的样貌如出一辙，我们无法从中辨别出国王的具体相貌特征。埃及人把类似卡尔纳克王名表这样的文献记录在宗教场所内，其目的在于祭祀，并没有主动书写历史的意愿。

古埃及文字有几种字体，除了我们常见的圣书体外，还有在纸莎草上书写快捷方便的祭司体和世俗体，后两者是古埃及人日常使用的

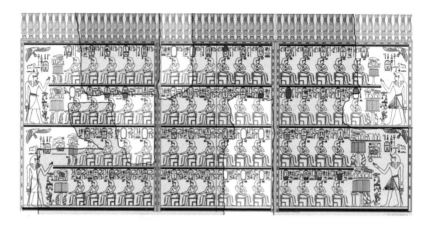

图 3 - 6　"卡尔纳克王名表"

字体。世俗体埃及语编年史（Demotic Chronicles）也是年代学建立的重要依据之一。这份文献用世俗体书写，记录的是从第 28 王朝到第 30 王朝时期的经济活动。

托勒密时期（公元前 305—前 30 年），执政的托勒密国王命令祭司马涅托（Manetho）为埃及撰写一部史书。对埃及文化宗教了如指掌的马涅托最终用古希腊语写成了一部《埃及史》，遗憾的是全书并没有保存下来。通过古典作家对马涅托著作的大段引述，我们可以从一些残篇断章里看到他对埃及历史的描述。幸运的是，马涅托编写的埃及年表保存了下来，这成为埃及历史朝代分期的主要依据。在这份年表里，喜克索斯人统治埃及的历史被马涅托有意忽视，这也使得这段异族统治埃及的历史在文献上至今仍留有空白。

对古埃及进行长篇描述的文本则要追溯到古希腊时期，如希罗多德（Herodutos）的《历史》和狄奥多拉斯（Diodorus）的《历史丛书》等著作，都有部分章节专门记述古代埃及历史。这些古典作家是否真实在埃及游历过，还是凭借道听途说和臆想而书写埃及历史，现在学术界仍有争论。无论如何，古希腊历史学家们对埃及的描述，虽然过于演绎，但其中关于埃及年代的记述有一定参考价值。希腊作家埃拉托色尼（Eratosthenes）用希腊语撰写了一份埃及王名表，可与上述提及的文献互证，成为主要的王名表依据，为埃及年代学提供了基础的构建框架。

在古埃及年代学的构建中，第二种资料是那些提及某位或某些国王及其统治年数的家谱。这类文献分为两类：完整的（Unitary）家谱和合成的（Synthetic）家谱。完整的家谱类似中国的孔子家谱，一般是埃及的名门望族为家族荣光而专门修订的不间断的家谱。例如，在第22王朝国王舍尚克五世（Sheshonq V）时期，一位高级祭司记录了祖先每个重要时刻的年代，从而为判定国王年代的相对顺序提供了重要依据。合成家谱顾名思义是后人从文献中提取信息并再次合成的结果。这种家谱同样对年代学研究具有参考意义。例如，通过孙子和爷爷的生活年代，可以计算出国王统治时间的跨度，这对构建埃及后期历史，尤其是第三中间期的历史具有非常重要的意义。

学者们在构建古埃及年代学时所依据的第三种资料是写有国王统治年代的原始文献，即官方文件。学者们根据文献所记录的已知最晚统治年代的铭文，来确定国王的统治时间。例如，在写有图坦卡蒙统治年代的文献中，至今没有发现超过"图坦卡蒙第10年"的字样，所以图坦卡蒙的统治时间至少为10年。另外，带有塞德节（Sed Festival）的铭文也是重要参考文献。塞德节是法老为庆祝登基而举行的盛会，节日当天法老会围绕神庙巨大的立柱赤膊奔跑，向四周观看的民众暗示统治者的威武和国力的强盛。因为塞德节每30年庆祝一次，所以可用于年代的推算。然而，因为许多法老热衷在不长的统治期内多次举行塞德节，所以使用这种文献需要谨慎，最好有其他文献作为佐证。此外，除王室文献外，大量的官员贵族还在自己的墓铭中写下自己的生平事迹，记录下出生和死亡等重要年代。学者们可以通过他的年龄和与之对应的国王统治时间来进行年代推测。

经过甄别的文献资料可以成为信史，而考古资料往往可以弥补文献的缺失环节，以此丰富历史甚至改变我们对历史的固有印象。例如，新王国的首都移到底比斯后，许多人认为旧都孟菲斯从此衰落，但考古资料显示，此时的孟菲斯依然是一座文化重镇。考古学家们所擅长的^{14}C 年代测定法和顺序年代法，在埃及这片土地上大展拳脚，与偏重文献研究的埃及学家们配合默契、相得益彰。

在构建古埃及年代学的时候，学者们使用的第四种史料是埃及周围国家或地区的同时代文献。这种研究方法被称为"同时期参照法"。埃及处于东地中海沿岸，毗邻亚洲，自古以来就在地缘政治和外交中扮演着重要角色，与交替兴盛的近东古国之间都有密切的外交往来。因此，从埃及周边国家的文献中，也可以获取重要的年代信息。例如，在阿玛尔纳时期（第 18 王朝埃赫那吞统治时期），埃及与周围国家频繁交往，与埃及、巴比伦、亚述、赫梯和米坦尼的外交事件都被记录在书信中，出土文献证明了埃及与东地中海国家的密切交往。完整的亚述王朝年表可以与犹太历相对应，这为埃及年代学的建立提供了方便。

有规律的自然现象也是有效的证据，这是学者们构建古埃及年代学的第五种史料。古埃及人把天狼星偕日同升与尼罗河水开始泛滥的那天视为新年伊始，即第一季的第一个月的第一天（公历 7 月 1 日）。由于古埃及的太阳历没有闰年的设置，所以天狼星偕日同升的天文现象会逐渐推迟，约 1460 年为一个天狼星周期。塞索斯特里斯三世的第七年和阿蒙霍特普一世的第九年都有天狼星偕日同升的记录。根据公元 136 年的一次天文学观测，可以往上追溯古埃及某些事件的年代。学者们通过这个方法解决了很多年代学问题。当然，这种方法也存在弊端，因为古埃及的天文观测点有三个，自南向北依次为象岛、底比斯和孟菲斯，在不同的观测点观察星象和尼罗河的泛滥，会有一些偏差。这就使学者们在使用这种方法断代时遇到很多问题。

综合以上各种依据和方法，学者们将古埃及的历史进行分期和命名。马涅托为古代埃及划分了 30 个王朝，后来学者们把波斯第二次统治埃及的时期划为第 31 王朝；近现代学者进而把埃及历史上稳定时期命名为王国（Kingdom），把动荡时期称为中间期（Intermediate）。

近些年，随着考古学和碑铭学的发展，古埃及年代学研究取得了一些新的突破。例如，20 世纪 80 年代以后，德国考古学家根据其对涅伽达文化 III 的研究，发现在公元前 3200 年至前 3000 年之间存在一个王朝世系，遂将其命名为 "0 王朝"，以区别和接续于马涅托的第 30 个或 31 个王朝序列。再如，传统上，学术界都认为古王国时期包括第 3 王朝至第 6 王朝，但目前学者们发现第 7 王朝和第 8 王朝也是第 6 王朝的延续，从而将古王国的王朝由原来的 4 个扩大为 6 个。这样，第一中间期就只剩下第 9 王朝和第 10 王朝了。此外，最为重要的新发现是，马涅托对第 14 王朝和第 16 王朝的记载可能是错误的，事实上这两个王朝根本就不存在。这样，第二中间期就只剩下第 15 王朝和第 17 王朝了。第 14 王朝和第 16 王朝的空白如何填补，已经成为学术界探讨的一个重要问题。

目前学术界普遍接受的古埃及年代表如下：

王朝时期/法老时期：（约公元前 3000—前 323 年 ）共 31 个王朝

早王朝：第 1 和第 2 王朝（约公元前 3000—前 2686 年）

古王国：第 3 至第 8 王朝（约公元前 2686—前 2125 年）

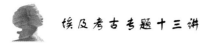
第一中间期：第 9 至第 10 王朝（约公元前 2160—前 2055 年）

中王国：第 11 至第 13 王朝（约公元前 2055—前 1650 年）

第二中间期：第 15、第 17 王朝（约公元前 1650—前 1550 年）

新王国：第 18 至第 20 王朝（约公元前 1550—前 1069 年）

第三中间期：第 21 至第 25 王朝（约公元前 1069—前 664 年）

后期埃及：第 26 至第 31 王朝（公元前 664—前 332 年）

希腊时期：马其顿王朝（公元前 332—前 305 年）

托勒密王朝（公元前 305—前 30 年）

罗马时期：（公元前 30 年—公元 7 世纪）

阿拉伯时期：（公元 7 世纪—）

除了以上提到的年代学研究中的新进展外，在历史分期研究中，仍然存在很多有争论的问题。例如，在某些时期的起止时间上，学者们就未能达成共识，这主要是由于学者们用不同的标准进行断代造成的。另外，随着新证据的不断发现，很多历史时期的起止年代和名称不断发生变化，尽管这是学术研究进步的表现，但也在一定程度上给年代学研究和历史学研究带来不便。这些都是今后学者们在研究中需要继续突破的难关。

本次讲座不仅涉及了古埃及年代学研究的方法，还包含了郭丹彤教授关于年代学研究的深入思考，进而介绍了古埃及年代学研究的最新进展和存在的问题。讲座阐明了几个重要学术问题，也指明了考古工作可以努力的某些方向。

（整理者：高伟）

第　四　讲

古埃及人的创世观念

在古代文明中，埃及人的宗教意识十分浓厚，几乎渗透到埃及社会的各个领域。古埃及遗留下来的主要纪念物都与宗教有着密切的联系。因此，了解古代埃及人的创世观念对于了解古埃及文明以及埃及考古十分有帮助。古代埃及的宗教是一种"形而下"的表现方式，其范围十分庞杂；同时，作为一种意识形态产物，它也反映了社会的物质文化发展状况。创世观念是了解埃及宗教十分直观、具象的切入点。本次讲座主要由三个部分组成，分别为埃及人关于世界的概念、世界的诞生、孟菲斯神学对希腊哲学的影响。

　　埃及人关于世界的概念反映了埃及人对于其生活之世界的构建。无论是埃及宗教，还是神话，都是由人创造的，因此神话世界也反映了埃及人的精神世界。了解这点的突破口就是考察埃及人关于世界的概念。埃及人首先考虑到的问题是，"天"与"地"是怎样形成的，"我"是怎么来的。这两个问题本质上来说也属于哲学范畴。埃及人关于世界的第一反应就是脚下的大地，即地球是怎么来的。他们认为地球是一个圆盘，漂浮于水中。埃及处在圆盘的中间，是世界的中心，周围波浪型边缘则是异邦。水被认为是世界的源出，且为创世之前的存在，即为"原始瀛水"，并且被拟神化为"努"（Nu）（见图 4 - 1）。第二个便是天空，与大地对称，这是埃及人崇尚双数的一个具体表现。天空被埃及人认为是漂浮于大地之上的拱形物体。支撑拱形物体使之与大地分离出来的物体为四根柱子，四根柱子代表四方，这在金字塔铭文当中有记录。

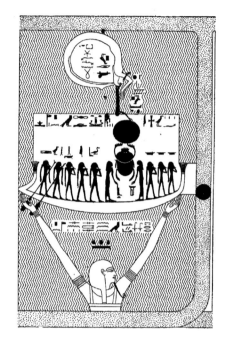

图4-1 从"原始瀛水"中出现的，手中托举太阳舟的"努"

在埃及创世观念中，天空之神努特（Nut）与大地之神盖伯（Geb）为妻子与丈夫。天神与地神的表现形式往往十分具象。努特蓝色的身上有许多星星。盖伯的身体是棕色的，棕色是土地的颜色；盖伯的头发为绿色，代表植物（见图4-2）。除此之外，常见的表现形式还有阿图姆的儿子、空气之神——舒神支撑女儿努特的身体（见图4-3）。舒神是努特和盖伯的父亲。金字塔铭文还将天空拟化为牛的形态，牛的腹部布满星辰（见图4-4）。这些表现形式看似矛盾重重，实际上在古代埃及，无论意识形态还是宗教体系都是多元的、动态的和零散的，又都是和谐共存的。

在古埃及3000年的发展过程中，宗教形式始终是多神崇拜。随着文明的不断发展，太阳崇拜逐渐走向鼎盛，月亮崇拜逐渐减弱，其中托特神（Thoth）作为月神的指示身份也逐渐衰落，书吏之神和审判之神的指示地位日益凸显。托特神有着朱鹭的形象（见图4-5），右手执笔，左手握纸草卷，主要负责记录来世审判过程和结果（见图4-6）。

图4-2 天空之神努特（上）与大地之神盖伯（下）

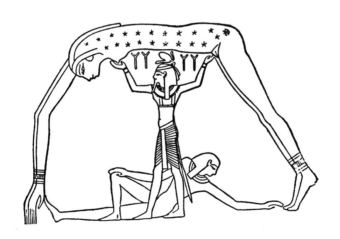

图4-3 舒神（中）支撑女儿努特神的身体

图 4 - 4 天空被描绘为牛的形象

图 4 - 5 托特神

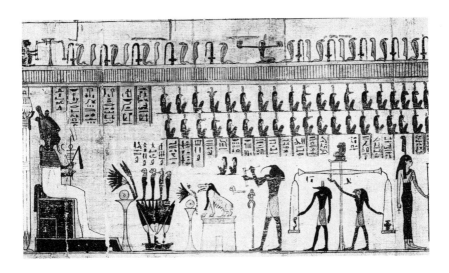

图 4 - 6　来世审判

　　埃及之神的形象主要包括动物造型、人物造型以及动物与人合体造型。需要注意的是，埃及之神基本都是身兼数职，同一种神拥有多个具态形象，这也再次印证了古代埃及宗教多元、动态和零散的特点。在星象崇拜当中，还包括星星崇拜，其中最重要的是北斗七星，它被认为是不会陨落之星，因此北斗七星所在的区域也成为了埃及人心目中的极乐世界；在早王朝和古王国时期，天空被认为是极乐世界；中王国时期之后，地下被认为是极乐世界。

　　古代先民自然崇拜的原因主要是他们对于无法掌控的世界怀有恐惧与敬畏之心。在《阿吞颂诗》（*The Great Hymn to the Aten*）中，太阳被描绘为万物的眷顾者，不仅因为太阳具有极强的破坏力，同时还因为在太阳的照耀与温暖之下，万物才可生长。太阳从东方升起，埃及人将东方视为再生之所，而西方是来世之所。因此，埃及人将坟墓建于尼罗河西岸，生活区域建于尼罗河东岸。埃及人认为太阳运行的原动力就是太阳舟。太阳舟由木头制作，两头较尖（见图 4 - 7）。第二种原动力是圣

甲虫（见图4-8）。第三种原动力是隼鹰（见图4-9），太阳神会在隼
鹰翅膀的护佑下进行天际巡行。在埃及宗教典籍中，我们通常可以看到
太阳神的头部有一个太阳圆盘，一条蛇缠绕在太阳圆盘周围（见图4-
10）。在古代埃及，蛇因其蜕皮现象而被认为是再生的标志。古代埃及
著名的异端国王埃赫那吞所极力推崇的阿吞神就是比太阳更抽象的太阳
圆盘。埃赫那吞脸和脖子都十分细长，手握生命权杖，雌雄同体，意为
世间万物的创造者。在图像中，太阳光芒以长线的形式被很具象地表现
出来（见图4-11）。埃赫那吞统治时期，阿吞神是古代埃及唯一的神。
为此，他取消了神的复数形式。阿吞神庙造型也与其他神庙不同，没有
顶盖以便接收太阳光芒。同时，太阳神可以和其他的神相结合，因为太
阳神无所不包，但有时更是一种政治需要。

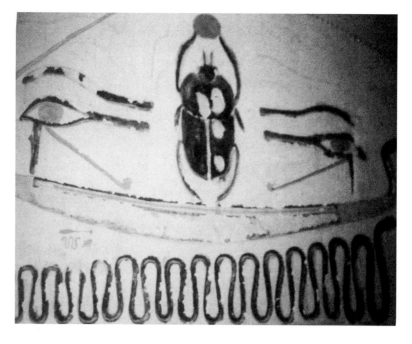

图4-7　太阳舟

图 4-8　太阳神的圣甲虫和公羊形象

图 4-9　太阳神的隼鹰

形象之一

图 4-10　太阳神的隼鹰

形象之二

图 4 – 11　埃赫那吞及其家人

　　本讲座的第二部分主要讲述古埃及神话体系中世界的诞生。古埃及人的创世学说有一个从感性到抽象的发展过程，这一点被充分地反映在他们的几篇重要宗教典籍中。从金字塔铭文、亡灵书到孟菲斯神学，尽管内容具有连续性，却有了质的飞跃。

　　以赫利奥坡里斯城（Heliopolis）为核心形成的一个相对完整的神学体系被称为赫利奥坡里斯神系，这是一个由 9 个神形成的神学体系，此神学体系的主神是太阳神。记载赫利奥坡里斯神学的文献包括金字塔文和亡灵书（*Book of the Dead*）（见图 4 – 12），亡灵书对该神学体系以及创世神有更为具体的解释。其中太阳神拉（Ra）与太阳神阿图姆（Atum）合体被视为创世之神。在神创造世界时，从"原始瀛水"中升起原始山丘，神庙中的水池往往被视作"原始瀛水"，高台被视作原始山丘。雌雄同体的阿图姆通过自慰的方式创造出一对神，即空气之神舒（Shu）（见图4 – 13）和湿气之神泰夫努特（Tefnut）（见图 4 – 14）。

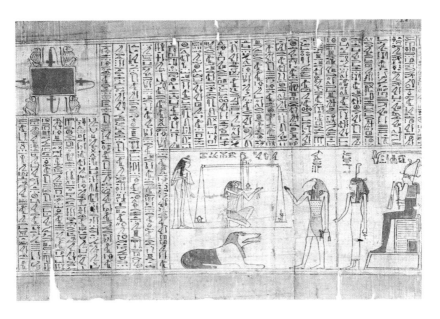

图 4 - 12　亡灵书

图 4 - 13　空气之神舒

图 4 - 14　湿气之神泰夫努特

他们的肖像都有动物尾巴这个元素。在古埃及，只有国王和神才具有动物的特征，以表示他们的强大。舒和泰夫努特又生了盖伯和努特，盖伯和努特又生出了两对神，即奥西里斯（Osiris）（见图4－15）与伊西斯（Isis）（见图4－16），塞特（Seth）（见图4－17）与奈夫提斯（Nephetys）（见图4－18）。由于弟弟塞特嫉妒做国王的哥哥奥西里斯而

图4－15　奥西里斯神

图4－16　伊西斯神

图4－17　塞特神

图4－18　奈夫提斯神

用诡计将其杀害，奥西里斯的妹妹和妻子伊西斯历经千辛万苦把被分解的丈夫尸体找了回来。伊西斯的所作所为感动了上苍，奥西里斯得到短暂的复活，与伊西斯生下了他们的孩子鹰神荷鲁斯（Horus）。于是，死去的奥西里斯成为双脚被绑住的木乃伊形象。奥西里斯、伊西斯和荷鲁斯是埃及宗教里最重要的三位一体神，流传甚远。伊西斯还帮助她的儿子荷鲁斯从塞特手中将王位夺回，因此她也被认为是埃及王位以及妇女生产的保护神。塞特因杀害他的哥哥奥西里斯，被认为是邪恶之神。奈夫提斯的形象主要出现在生产场景中，并且常有女神伊西斯相伴。阿图姆创造出神之后，便创造了人。人在埃及的宗教神话中没有单独的描述，现在学者认为有可能是人神同形，人作为神的仆人被创造出来，而神则为人创造食物与用具。

　　第二个神学体系是赫尔摩坡里斯神系（Hermopolis）。该神系由 8 位神构成，这 8 位神生活于创世前的混沌时期，以双数形式存在，即 4 对神。创世之后，这 8 位神继续存在，只是存在的环境发生了改变，环境变得相对有序。但他们在宗教神话中始终没有什么具体的职司。除了上述两个神学体系以外，最重要的神学体系是孟菲斯神系（Memphis），它是古代埃及宗教思想的集大成者，涵盖了之前的两大神学体系。孟菲斯神学是关于众神之首普塔神（Ptah）（见图 4 - 19）及其祭祀中心孟菲斯的神学体系。该神学体系被铭刻在一块玄武岩石碑上，由第 25 王朝国王沙巴卡命人刻写，因此也被称为沙巴卡石碑（Shabaka Stela）（见图 4 - 20）。石碑刻写文字一共有 3 行，61 列，主要讲述的是普塔神创世的故事。孟菲斯神学最主要的观点刻于第 53 行到第 61 行，它将埃及人的神学思想上升到了哲学的高度，对希腊哲学产生了深远影响。在这个神学体系中，普塔神是创世神，他是木乃伊的形象，手握象征稳固、生命和权力的符号。而普塔神最广为人

图 4 - 19　普塔神

图 4 - 20　沙巴卡石碑

知的职司是手工业之神。普塔神通过语言进行创世，这与之前的创世方法完全不同。埃及人将语言拟人化为"胡"（hu），具体的表现形式是舌头；"斯雅"（sia）代表思想，其表现形式是心脏。他们认为心脏是孕育思想的器官，一切感觉皆归因于心脏的运动，而舌头是把思想表达为现象的器官。在孟菲斯神学中，普塔神等同于努神，即阿图姆诞生的"原始瀛水"。普塔神被认为先于阿图姆存在，不仅是万物的创造者，还是创世神的创造者。创世的方法是普塔通过心脏与喉舌的运动，把力量传递给所有的神以及他们的灵魂，即通过语言来创世。创造了神之后，世界秩序也被创立起来。他还创造了食物与用品、划分了正确与错误以及疆域。孟菲斯神学与圣经的相似之处主要有两处：一处是两者都以语言作为创世手段；第二处是神皆有休息之时。

　　本场讲座的最后一个部分是孟菲斯神学对希腊哲学的影响。孟菲斯神学对希腊哲学的影响是相对显性的，主要表现在如下几个方面。

第一个方面与世界起源有关，赫利奥坡里斯神学和孟菲斯神学皆认为世界起源于自然物：水、火、空气或者数。第二个方面是对立法则，这是希腊哲学最重要的法则，主要表现在冷与热的对立，这是一种生命的力量，彼此斗争，推动事物的发展。在埃及宗教中，对立关系具体表现为荷鲁斯和塞特之争，但最终二者走向安定和平。对立关系还表现为丧葬习俗中的来世与今生。这种对立和谐统一的终极调节因素就是法老。第三个方面是四种自然元素。在希腊哲学中，土、水、气、火是对立的。在孟菲斯神学理论以及埃及天文学、建筑学、仪式中，这四种元素的作用也十分突出，被称为荷鲁斯的四个儿子。在宗教习俗中，他们各司其职，并出现在金字塔、神庙、国王的宝座、棺椁周围。第四个方面是物质永恒。孟菲斯神学认为构成事物的基本要素是永恒不变的，而且在创世之前就已存在。第五个方面是世界的秩序性。希腊哲学家一直热衷于对世界的结构和组织进行研究。埃及孟菲斯神学认为普塔神是无所不包的。第六个方面就是埃及以及希腊神学都认识到思想和语言具有创造性。

通过以上六个方面，我们可以看出，埃及宗教思想对希腊哲学产生了重要影响。然而，希腊人并不是简单地照抄照搬，而是在认同埃及文化基础上主动接受。在通过接受和认同埃及宗教思想并构建起自己的哲学体系后，他们便走上了独自发展的道路。由于埃及文明开启的时间早于希腊文明，当埃及文明已经进入成熟稳定的金字塔时代——古王国时期的时候，希腊的米诺斯文明才刚刚萌芽。正如埃及文明在初创之时受到业已成熟的苏美尔文明的影响，曙光微露的米诺斯文明的发展，特别是其宗教意识形态的发展，也需要一个先进成熟的文明来引导，以使其迅速摆脱蒙昧步入文明。埃及便责无旁贷地担当了这样的引导者。我们知道，在古代世界，宗教是最为重要的文化现象。以古代埃及文明为例，它几乎包括所有的文化形式。埃及的文字、文学、艺术、建筑和科学，甚至国家组织形式，无不深深地被打上了宗教的烙印。所以，希腊哲学能够于公元前 6 世纪在爱奥尼亚出现，应该说埃及思想起到了催化剂的作用。

在古代埃及，象形文字是神圣的，是带有魔力的，被广泛应用于各种与神祇有关的文本。以阿吞颂诗为代表的古代埃及神祇赞美诗是古代埃及人留给后人的一笔最为宝贵的文化遗产。浮雕、壁画和雕像等艺术品大多来自神庙和坟墓，它们的创作意图和主题与宗教有着密切的联系。金字塔和卡尔纳克神庙建筑群的建造完全是宗教意识形态的产物。古代埃及的天文学和医学脱胎于占星术和巫术。贯穿于埃及文明始终的政教合一的国家组织形式彰显了神权的至高无上。凡此种种都体现了古埃及人的宗教思想，为希腊人营造自己的精神家园提供了范本。如果说精神世界是一个文明的血脉，那么埃及人的宗教思想便是希腊人精神世界的奠基者。

这也正如科学史家萨顿所说的："埃及是希腊天才的父亲。"然而，给希腊文明以奠基的这位埃及父亲并没有陪伴并影响他的希腊孩子的一生。当希腊文明的各种构建日趋稳固后，希腊人便摆脱了他的这位埃及父亲的影响而走上了独立发展的道路。于是，希腊人在辩论、抽象思维和逻辑推理等方面均取得了重大成就。与此同时，他们还从巴比伦、腓尼基、犹太等文明中汲取营养。希腊最终成长为一个健硕的"青年"，完全可以对他的父亲——埃及文明施以影响。比如，希腊人教会了埃及人如何建造舰船以及如何铸币。为此，后期埃及，特别是从公元前664年开始的埃及第26王朝时期之后，两个文明不再是父与子的关系，而成为比肩的兄弟。由于他们往昔彼此联系，他们对彼此的文化并不陌生，于是他们很快便从对方的文化中找到了彼此都认同的东西——比如宗教。

因此，"埃及文化与希腊文化的关系是一种借鉴与被借鉴的关系"，这一说法似乎并不准确。"认同并逐步走向融合"，才是对它们之间关系的最恰当描述。这也印证了一个说法，即由冲突走向融合是古往今来一切文明间、民族间或国家间交往的发展趋势。

（整理者：贺娅辉）

主讲人简介
（第五讲和第六讲）

李晓东

东北师范大学世界古典文明史研究所教授、埃及学博士、博士生导师。中国社会科学院外国考古研究中心客座研究员，埃及苏伊士运河大学客座教授，哈尔滨工程大学客座教授。埃

中文化交流协会副会长，中国世界古代中世纪史研究会古代史学术委员会理事。

著有《埃及历史铭文举要》《古代埃及史》（第二作者）《古代文明的金字塔》《神秘的金字塔太阳船》《古埃及之谜》等著作。出版有《探寻古埃及文明》《人类酷刑史》《加纳史》《心灵的标符》《天体的音乐》等译著。发表了 *Connecting Past and Future：Analysis of the Wall Decoration in the Tomb of the Vizier Paser*《神王的得意与厄运：三千年前留下来的思考》《塞斯埃及王朝年代问题考证》《古代埃及社会主导意识的诞生与其

历史分期》等论文数十篇。主持"古埃及传记铭文研究""孔子与孟子政治学研究外译""推进中外人文交流合作——中埃人文交流合作"等国家社科与教育部研究项目。曾应邀为中央电视台"百家讲坛"主讲《古埃及文明失落之谜》，应邀为东方卫视"世界文明讲坛"主讲《古埃及文明》。曾陪同国家领导人访问埃及，讲解古埃及文明。

第 五 讲

理论思考，百密一疏：
捷尔象牙牌的年代推测

埃及阿拜多斯（Abydos）的乌姆—埃尔—卡伯（Umm el-Qa'ab）遗址出土的文物中有一块象牙牌饰，其上所刻图文显然是刚刚萌芽的文字。塞瑞赫（Srḫ）之上的鹰、塞瑞赫之内的名字、塞瑞赫之下的象形文字，为该文物断代提供了帮助。塞瑞赫是古埃及王名圈出现以前用以标记国王名字的图案，为王宫正面画面的抽象刻画图标。右侧符号记载之事的解说则为其绝对年代的确定提供了机会。古埃及年代与公历的匹配由此成为可能。然而，最终结论却出现了重大矛盾，这让我们重新思考逻辑正确前提下的历史推演是否正确。历史研究走向科学，远非有了理论就万事大吉。这个古埃及研究之例，触发了我们深思。

一　象牙牌

考古学和铭文学是埃及学的两大支柱，缺一不可。我们所读到的古埃及历史不是古代史家留给我们的遗产，而是埃及学家在考古学与铭文学工作的基础上重新建构的历史。让我们回到这个遗址：乌姆—埃尔—卡伯（见图 5-1）。

首先需要解释一个情况，在埃及学的研究中，一个地点往往有三个名字：阿拉伯语名字、古希腊语名字和古埃及语名字。对于现代埃及人来说，阿拉伯语名字最为熟悉；一般历史书上的地点名字往往是希腊语名字；对于埃及学者来说，古埃及语名字与希腊语名字是他们笔下最多提到的。乌姆—埃尔—卡伯是阿拉伯语的名称。该村地处阿拜多斯北部，Umm 是阿拉伯语"母亲"的意思，Qa'ab 意为"陶

图 5 - 1　乌姆—埃尔—卡伯遗址

罐"。这个名字让我们联想到那个陶器时代的久远过去。法国考古学家埃米莉（E. Amélineau）于 19 世纪 90 年代首先在这里进行考古发掘，接着 1899 年英国考古学家皮特里继续在这一地区开展发掘工作。该地点考古出土了大量陶器和牌饰，其中一些牌饰上刻画的符号和国王名字将遗址的时代指向前王朝和早王朝早期，绝对年代大约是公元前 3000 年左右。在这里发现的大量文物中，一枚带有第 1 王朝法老捷尔（Djer）名字的牌饰引发了学者们的思考。因为，尽管牌饰很小，但其上的文字却提供了许多重要的历史信息，包括王名——学者们由此可以进行时代的推测；包括季节与天象——学者们由此可以进行准确时间的推断；还包括地点等信息。这是非常难得的一件 5000 多年前的重要文物。

　　在遗址发现的这件牌饰由象牙制作而成，顶部有圆洞。据推测，牌饰上最初可能有系东西的绳子。象牙牌饰刻画的图形是古埃及文字早期的样子。古埃及南部（学者习惯以"上埃及"称之）的保护神为荷鲁斯，常以鹰的形象出现；古埃及北部（学者习惯以"下埃及"称之）的保护神为塞特神，常以豺狗形象现身。该象牙牌饰的塞瑞赫上有荷鲁斯神出现，证明其下的塞瑞赫中出现的名字为王名。荷鲁斯神站在一个长方形的方框之上，方框下半部分竖条状的图案表现的是法老王宫的正面，方框上半部分空白处是王宫的院落，里面书写的文字是法老的名字，此处法老名字的发音为dr（捷尔）（见图5-2）。

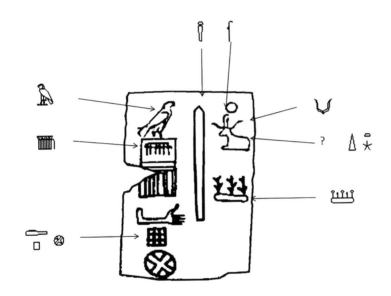

图5-2　象牙牌饰上的符号与现行象形文字标准印刷体的对照

（左上塞瑞赫里的符号是法老捷尔的名字）

二　捷尔是谁?

埃及法老极为重视神祇崇拜，他们为了向祖先神献祭，会把祖先的名字罗列起来，刻在神庙墙壁或者石碑之上，这些文字被称为"王名表"。托勒密王朝的埃及祭司马涅托根据前代流传下来的王名表，在其用希腊语撰写的著作《埃及史》中记载了第1王朝的法老名，依次为阿哈（Aha）、捷尔（Djer）、捷特（Djet）、登（Den）、迈尔奈特（Merneith），等等（见图5-3）。对照马涅托的记录，我们可以知道这件象牙牌饰与第1王朝的法老捷尔有关。这件象牙牌饰的用途是标志所有权的，系在物体上，因此其上部有一个小圆洞。这件象牙牌饰表明该物为王室所有，当时的国王是捷尔。

图5-3　第1王朝的法老名

捷尔法老名字的下方，是一只手的形象，它与后面的方块符号合起来发音为"dp"，下方的圆形符号叫做限定符号，是城池、地点的指示词，所以这是一个叫做"dp"的地方。因为古埃及其他文献没有提到这个地名，所以dp是古埃及的什么地方，目前仍无法知晓。位于象牙牌中间位置的竖长形的符号为tpy，有"第一、首次"的意思。右面圆孔下面那个竖立的大符号是表示统治年的符号，读作"rnpt"；之后是牛角形状的符号，读作"wp"，是"打开、开辟、开始"之意。下面那个符号看似是牛的肖像，但经过一些学者的反复讨论，牛的身体与天狼星（spdt）有关；最后一个词汇表示古埃及人的季节"泛滥季"（3ḫt），泛滥季是古埃及的第一个季节。由此可知，这个牌饰上记录的应该是一个重要的历史事件：在捷尔法老的统治的第一年的第一季，在 dp 城观察到了天狼星偕日同升的现象。

三 天狼星与历法推演

历法的建立需要一个事件作为开端。古埃及人观察到每当天狼星消失一段时间，约 70 天之后再次出现在东方的地平线上的时候，太阳会同时与天狼星一同升起。这之后 10 天左右尼罗河开始泛滥。天狼星偕日同升对于古埃及人来说是如此的神奇，以至于埃及人经过若干年的观察终于悟出一个规律，即四时变化皆起因于这个奇迹。于是，天狼星偕日同升和尼罗河水开始泛滥的这一天便成为埃及历法当中一年的开始。然而，由于古埃及历法是太阳历，一年（ *rnpt* ）分为 365 天；一年分为 3 个季度（ *tr* ），包括 *3ḫt* 泛滥季、 *prt* 生长季、 *šmw* 收获季；每季包括 4 个月（ *3bd* ），每月由 3 周构成，每周 10 天（ *hrw* ），另于年末加上 5 日节庆。这就与实际一年的时间有了一个微小的差异，每年少了 0.25 天。时间一久，历法季节与实际季节会发生很大的偏离。这对于古代埃及人来说并未造成什么麻烦，但对于现代历史学家与考古学家来说却非同小可。埃及学家迈耶（E. Meyer）发现，这个偏离有一个周期，每 1460 年，古埃及历法便会再次回到最初定立其历法时的原点，即一年的第一天与天狼星偕日同升及尼罗河水泛滥同步出现。这就给古埃及的绝对年代推算提供了可能。只要能在古埃及的文献中找到一个记录了一年的开始与天狼星偕日同升现象同时出现的文本，就能够根据天文学的周期推算将这一年的准确年代推算出来。

1904 年，迈耶开始在古埃及文献中寻找关于天狼星的记录，试图通过相对恒定的自然现象作为参照，去推测捷尔象牙牌上的这一现象发生时的公历时间。最终，一位罗马人西索里努斯（Censorinus）在公元 139 年 7 月 20 日观测到的天狼星偕日同升现象的记录成了这个推测的基点。以此为基点向前推算，每前推 1460 年便会有一次天狼星偕日同升与古埃及新年开始相重合的现象出现。从公元 139 年向前推，上一次应该发生在公元前 1321 年，再上一次应该发生在公元前 2781 年，再往上推一个周期则是公元前 4241 年。经过这种天文学的计算，迈耶得出了两个接近的时间数字：公元前 2781 年和公元前 4241 年。但是，当迈耶参考其他文献和考古证据时，发现这两个年代似乎都不恰当，要么太晚（公元前 2781 年），要么太早（公元前 4241 年）。逻辑推理毫无问题，到底问题出在哪里了呢？

埃及学家们试图找到问题的症结。

首先，这可能是观测地点的问题。埃及国土沿尼罗河南北纵向贯通，观测点南北的变化，往往会导致观测到天文现象时间的不同。尽管这个象牙牌饰的铭文中明确记载观测地点在 dp，但这个地点是哪里我们却无法确定。其次，还有一种可能，即在埃及早期，历法的使用可能并不规范统一。太阳历从中王国时期才开始普遍使用。那么，我们显然无法判定在埃及有史之初人们使用的就是太阳历。最后，历法的使用与国家的统一和分裂有关，只有国家统一强大之后，统治者才有能力要求各地方使用相同的历法。这时的历法是太阳历还是地方的太阴历，目前无法确定，这个问题只有期待今后更多材料来帮助我们解决了。

四　理论思考的疏漏

理论基础无懈可击，推导过程逻辑严谨，但结论却显然有误。

就捷尔象牙牌饰年代的推测而言，可谓"理论思考、百密一疏"。在理论思考中，只要一个环节出现问题，整个理论大厦就会顷刻崩塌。但是，理论说得通，结论却未必是真理，因此不可迷信理论，在理论变成真理之前，我们只能说这个理论是符合逻辑的猜想。尽管从理论到真理还需要一个过程，那就是实验。实验证实了的就是真理，未经实验证实的可能是真理，也可能不是。

人类从原始思维到科学思维经历了漫长的历史时间，这个进步过程可以概括为三个阶段，即人类理性的三个阶段。理性的三个阶段或者叫三种类型的理性是人文理性、逻辑理性和实验理性。人文主义战胜神学，标志着人文理性的出现与胜利。一切从人出发，一切为了人，人是万物的尺度（而不是从神的角度出发，一切为了神，神是万物的尺度）这是人类理性的胜利。逻辑理性是科学思维走向科学的一个重大里程碑，只有合乎逻辑的才是正确的。逻辑理性让人的思维走向严谨，时至今日我们仍然可以说，真理都是符合逻辑的。尽管真理都是符合逻辑的，但符合逻辑的却不一定都是真理。第三大理性解决的就是真理的问题。一个理论只有在经过试验验证并得到肯定答复之后才可以说这个理论已经从符合逻辑的猜想成为了科学的真理。也就是说，只有实验结果和逻辑关系都说得通、相互符合的情况下，理论才能够成为真理。在埃及学的研究中，中西方学术界莫不如是，都需要通过实验理性来检验理论是否是真理。

本次讲座以捷尔象牙牌饰的铭文作为研究切入点，对象牙牌饰和捷尔国王的统治年代进行推测，这是一个非常有意义的个案研究。李教授也在回答听众的问题过程中提到，公牛的形象组合是否表达的是天狼星偕日同升的意思，这是一个关键的争议点，学术界仍有争论。李教授在讲座中给出的这个解读是目前比较可信的说法。另外，发音为"d"的手形符号，也可看作为手臂符号，发"^{c}"的音，这样该地名的拼写便可改为"^{c}p"。不过，这仍是一个无迹可寻的未知地名。这些充满可能性的问题，正是埃及学研究的价值所在，更是埃及学的魅力所在。

（整理者：高伟）

第 六 讲

灌注生命：

“赋予生命” 的推想

无论是壁画还是浮雕，甚至在雕塑上，我们都经常能够发现古埃及人留给我们的两个文字："di ᶜnḥ"，翻译过来便是"赋予生命"。然而，是谁赋予谁生命？神赋予人？还是人赋予神？作为神之化身的神像是从什么时候起不再是一块石头，而成为神本身的？神像的雕琢者从哪一刻起不再敢在神像上动用凿子的？"赋予生命"让我们的思绪穿越数千年时空去想像古埃及的神秘仪式。

一　问题

对古埃及壁画、浮雕和雕塑等上面描绘和刻画出来的服装样式以及装饰品的深入研究，可以很好地了解古埃及人的社会生活和思想观念。这种研究凸显了壁画、浮雕和雕塑等文物史料在新兴史学研究中的价值。此次讲座通过对古埃及人的壁画、浮雕和雕像等作品上的铭文所进行的研究，来了解古埃及人的意识形态，并对古埃及人雕塑行为若干关键性环节做出推想。

李晓东教授给出了一张博物馆里面收藏的浮雕照片（见图 6 - 1）。该浮雕的人物较为完整，但人物周围环境破坏较为严重，可谓残缺不全。关于这个浮雕，有两个问题需要解决。首先是浮雕中人物的身份问题；其次是确定浮雕人物嘴部前方那个残缺符号是什么意思。第一个问题的解决依赖于浮雕上的铭文，我们在浮雕上发现了两个刻有铭文的王名圈。王名圈也叫卡图什（Cartouche）。

图 6-1　本讲座中主要讨论的残缺浮雕

二　国王的名字——卡图什

卡图什这个符号来源于古埃及早期的符号 srḥ（塞瑞赫），描绘的是王宫门面。最初古埃及人把国王的名字刻写在这个王宫门面里面，后来这个符号逐渐演化为现在看到的带有底座的椭圆形符号。古埃及人并不称呼其为"王名圈"，也不称呼其为"卡图什"。卡图什是拿破仑远征埃及时，法国士兵给予它的称呼。法国士兵发现这些椭圆形符号与他们自己随身携带的装有枪药的药葫芦相似，故而用药葫芦的法语"卡图什"称呼之，"王名圈"是中国学者的命名。实际上，卡图什或王名圈里面不全是国王或法老的名字，有时埃及人也把神和大臣以及祭司的名字写在王名圈里面。

浮雕上的这两个王名圈实际上是同一个人的两个名字。从中王国开始，古埃及国王一般都有五个名字，一个是出生名，另外四个是加冕名。也就是说，有一个名字是国王出生的时候获得的名字，另外四个名字是国王加冕为王的时候获得的名字。五个名字当中有两个写在王名圈里面。第一个王名圈的名字叫加冕名，第二个王名圈里面的名字是出生名。一般来说，这两个王名圈里的名字配合在一起就可以明确判断该国王是谁了。很多贵族或身份高贵的官员也会模仿国王的名字模式，至少拥有两个带王名圈的名字。另外，在国王或贵族名字前面还有一个头衔，以便表明身份。这块浮雕上的第一个王名圈及其前面的头衔是这样的：⬚⬚⬚。前面三个符号是这个人物的头衔，象形文字转写过来是ḥmt-nṯr，意思是神的妻子（wife of god）。这是一个女祭司的头衔，属于神庙的高级女祭司。王名圈里面的符号转写过来是šp-n-wpt，转写成英语是Shepenwepet。这是一个阴性名字，即一个女祭司的名字。另一个名字是⬚⬚⬚，转写符号是ḥnwt-nfrw-mwt-irt-rꜥ。从文献中我们查到了这个人的身份，她就是第25王朝时期的一个女祭司。

三　生命之符

　　对于另一个问题的解决则需要对比古埃及其他类似题材的浮雕主题。请看下面几张不同类型的浮雕和绘画图片。我们称下面三张图像为类比图像（见图6-2、图6-3、图6-4）。

　　通过对这三个浮雕图像的分析，我们发现类比图像中的主体人物的嘴前面都有一个符号，这个符号接近嘴的那部分与我们现在讨论的浮雕里面那个人物嘴前面的残缺符号相同，我们可以断定那个残缺符号是古埃及人的生命符号，读作ꜥnḫ（安柯），本身有"生命"之意。

图 6 - 2 类比图像一

图 6 - 3 类比图像二

图 6 - 4　类比图像三

四 赋予生命

　　埃及人在浮雕和壁画中使用这个生命符号的目的是什么呢？李教授查阅了大量文献，没有找到文献方面的直接记载。李教授重新回到浮雕和壁画中。通过考察，他发现这个符号往往与另一个表示"给予"的符号组合出现（见图6-5）。下图是一个方尖碑上的部分文字，从上往下依次读作 di ^{c}nḫ, mi r^c, ḏt，意思是"given life, like Re, forever"，翻译为汉语的意思是"（被）给予像拉神一样永恒的生命"。也就是说，di ^{c}nḫ这个词组的意思是"给予生命"。

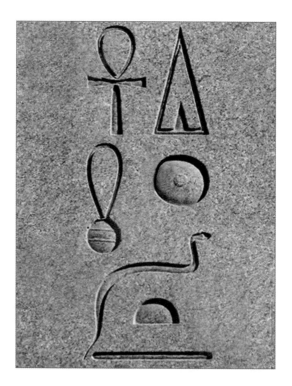

图6-5 方尖碑上的文字，左上第一个符号即古埃及的"生命之符"

至于 di ^cnḫ 这个词组是如何而来的，为什么表示这样的含义，李教授并没有在文献中找到明确说明，只在一些语法书中找到了简单的解说。其中比较早的一个解说者是英国著名埃及学家加德纳（Alan Gardiner）。他在 20 世纪 50 年代出版的语法书《中埃及语语法》一书中有一段很简短的文字，对此做了解说（见图 6 - 6）。这里更多的关注点放在了 ^cnḫ 这个词如何使用上面，实际上也没有对这个词的起源进行解说。但从这里和其他语法书以及文献中，di ^cnḫ 翻译为"给予生命"是没有疑问的。

§ 378. Omission of the resumptive pronoun.—The replacement of *m* + suffix by the adverb *ỉm* was noted in § 377, 1. So too after the relative forms, below § 385.

The name of a reigning Pharaoh is often accompanied by the phrase *dỉ ꜥnḫ*, f. *dỉt ꜥnḫ*. This must be considered as a shortening of *rdy n·f ꜥnḫ* 'to whom life is given' or perhaps rather of *rdy ꜥnḫ·f* 'given that he live'. English can similarly shorten to 'given life' its equivalent of the Egyptian phrase.

The present opportunity must be taken to allude to the use of , f. , as well as the old perfectives *ꜥnḫ(w)*, *ꜥnḫ·tỉ* (2nd m. sing.), etc. (§ 313) as object after the verb *ỉrỉ* 'make'. This use is frequent at the conclusion of dedicatory inscriptions in the temples.

Exx. *ỉr·f ꜥnḫ(w) dt*, may he make 'he-lives-eternally'.[8]

ỉr·k ꜥnḫ·tỉ dt, mayst thou make 'thou-livest-eternally'.[9]

ỉr·f dỉ ꜥnḫ, may he make 'given-life'.[10]

图 6 - 6 加德纳《中埃及语语法》中关于 di ^cnḫ 这个短语的解释

古埃及人的宴会壁画场面里有一个主题很有意思，或许对于我们追溯 ^cnḫ 和 di ^cnḫ 的来源有重要意义。下图左数第二个女性左手拿着一个莲花放在嘴前，她的形象与我们在前面那些壁画和浮雕中看到的形象极为相似（见图 6 - 7）。据研究医学的埃及学家称，莲花的花粉中含有某种兴奋剂的元素，可以令闻到者情绪亢奋。古埃及女性在宴会中嗅闻这种花粉，或许有提高兴奋程度的目的。另外，从形状来看，莲花与生命符号的样子很像。此外，莲花是古埃及上埃及的代表性植物，类似于我们现在所说的国花。古埃及的国花有两个，一个是上埃及的莲花，一个是下埃及的纸莎草花。古埃及神庙里面很多柱子的柱头就是用这两种花装饰的。可见，古埃及人是非常看重莲花的。由此，我们可以大胆推测，古埃及人在闻到莲花的香味时产生兴奋，他们不了解其中的科学依据，从而认为自己似乎获得了一种生机或活力，似乎获得了新的生命。这样，壁画中这种手持莲花放在嘴和鼻子前方闻其香味的母题被逐渐抽象化，最后形成了 di ^{c}nḫ（给予生命或被给予生命）这种概念和表现手法。

图 6 - 7　古埃及宴会壁画

五　"灌注生命"的猜想

那么谁赋予谁生命？谁被赋予生命？从古埃及遗留下来的大量浮雕和壁画上的主题来看，接受生命符号的基本上都是法老、高级贵族、高级祭司等；而手握生命符号尾端，将生命符号给予接受者的都是神（见图 6 - 8）。

图6-8　太阳神拉（右）将生命、永恒、权力赋予法老（左）

　　这种肖像学的表现似乎表明古埃及法老和高级贵族的生命是由神赐予的。也就是说，古埃及的神将生命赋予人类。这是古埃及人的意识形态，人们对此深信不疑。然而，事实的确如此吗？这要从两个层面来看。首先，从古埃及人的立场来看，或许古埃及人认为事实就是这样的，但也许这不过是一种仪式化或模式化的母题表述而已，是主导意识形态，但并不是每一个人都真诚地这么想。我们姑且不考虑这个问题，因为这又是一个很大的问题。其次，从科学的角度来看，这种神赋予人类生命的母题表述是否具有事实根据？对于我们这些接受了科学教育的人们来说，这样的母题很显然是人创造出来的。在这样的基础上，就出现了一个很有意思的问题：难道古埃及的神是由人赋予生命吗？接下来，李教授用两个事例来解答他提出来的问题。

第一个事例是，古埃及人在雕刻神和法老以及王后雕像的时候，神的雕像到什么程度算是具有了神性——石头不再是石头了，而是拥有了生命的神祇。很显然，对于一个信仰宗教的人来说，他对于面前的神（雕像）是不敢妄加斧凿的，因为这是亵渎神灵，这是他万万不敢为之的。但他又必须把雕像完成。如何解决这种矛盾呢？最合理的解释是这样的，神祇或者作为半神的国王及其王后的雕像在彻底雕刻完成之前，并没有生命；雕像或浮雕要想获得生命，必须举行一种赋予生命的仪式。一旦它们被灌注了生命，这些雕像或浮雕就变得神圣不可侵犯了。这是最有可能的事情。由此推断古埃及是由人赋予神或半神以生命，将生命灌注在神或国王及王后的雕像或浮雕中。

推测只是理论思考，它需要被证实。阿玛尔纳城出土了一些雕像的半成品，它们都是著名的宗教改革者法老埃赫那吞的妻子奈菲尔提提的雕像（见图6-9）。奈菲尔提提非常有名，被誉为古代世界最美丽的女人（见图6-10）。图6-9中的这些半成品说明了这些雕像在没有被灌注生命之前是没有任何生命的，可以被任意抛弃和破坏。

图 6 - 9 奈菲尔提提未完成或遭抛弃和破坏的雕像半成品

图 6 - 10 古埃及最美丽的女人奈菲尔提提的雕像（现藏于柏林博物馆）

第二个事例是古埃及壁画和浮雕中的一些仪式场面。通过对古埃及壁画和浮雕以及纸草上的亡灵书中场面的研究发现，古埃及人在丧葬仪式中，要由国王的继承人或普通死者的长子为死者举行开口仪式，这是丧葬仪式中最为重要的一个环节。图 6 – 11 和图 6 – 12 里面类似于中国木匠使用的锛子的那种工具就是用于在开口仪式中打开死者之口的。开口仪式表达的就是一种赋予生命的概念。

图 6 – 11　右面的王位继承者为左面的去世法老举行开口仪式

图 6-12 亡灵书中的一个场面，举行开口仪式

综合这两个事例，李教授认为，古埃及人的浮雕和壁画以及雕塑作品中神祇的生命都是古埃及人赋予的，是人为神祇和死者灌注了生命，而不是相反。在各种壁画和浮雕场面里，国王和高级贵族接受生命或这些图片上的被灌注生命的场面和短语只是实际仪式的一种反现实的表述而已。我们进而可以认为，古埃及壁画和浮雕中 di ꜥnḫ 这个短语实际上是仪式性地用于"灌注生命"，甚至是某种仍不为我们所知的"生命赋予仪式"的表达方式。

本场讲座关于"赋予生命"的讨论是一个具有跨学科性质的话题，因为涉及到了碑铭学、肖像学、考古学和医学等相关学科的知识。di ꜥnḫ 这个短语大量出现于古埃及碑铭文献和纸草文本中，学者们已经习惯于将其简单地翻译为"给予生命或被给予生命"，几乎没有人对这个短语的来源、其表达的真实含义以及其背后隐藏的文化内涵进行透彻分析。这场讲座对这样一个问题进行讲解，可谓是对埃及学领域一个重要分支碑铭学的前沿性问题的关照。

（整理者：郭子林　张旭）

主讲人简介
（第七讲）

马修·亚当斯（Matthew J. Adams）

美国驻
以色列考古
研究所所
长，宾夕法
尼亚州立大
学赴埃及蒙
迪斯考古项
目负责人之
一，以色列
耶斯列山谷区域项目（JVRP）负责人，美国域外考古协会主席。

2007年，在美国宾夕法尼亚州立大学获得博士学位，主攻埃及学和近东考古。其后，作为美国宾夕法尼亚州立大学赴埃及蒙迪斯考古队的负责人之一，主编和参编了多卷埃及蒙迪斯考古发掘报告和论文集。作为以色列耶斯列山谷区域项目（JVRP）的负责人，该项目的宗旨是以多学科合作的方式、在比较长的周期内综合探究耶斯列山谷从旧石器到奥斯曼帝国时期的人类活动。目前，耶斯列山谷区域项目

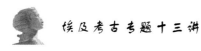

正在集中发掘青铜时代早期美吉多的聚落和驻扎在此的罗马第六军团与犹太人、基督徒之间的关系。2014 年，他被任命为著名的美国驻以色列考古研究所（也被称为奥尔布赖特研究所，AIAR）所长。

除多部专著以外，他还在《近东考古》《地中海考古》《美国考古杂志》等专业刊物上发表论文数十篇。

第 七 讲

古代蒙迪斯：尼罗河三角洲中心的一座早期城市

当我们提到埃及的时候，首先想到的是古王国时期（约公元前2686—前2160年）的金字塔或者其他文物，目前埃及考古学也以古王国时期这些明显的文物为研究主题——虽然目前埃及学家和考古学家越来越多地从更广阔的视角关注古埃及第1王朝（约公元前3000—前2890年）的历史，但他们主要关注的还是古王国时期的历史。本次讲座将改变这种传统，以公元前3000—前2000年为重点，在一个更为广阔的时间范围内展开探讨。亚当斯博士领导的考古团队在充分考量尼罗河三角洲地区生态环境及其变迁的基础上，在这一地区开展了考古发掘工作，以求复原蒙迪斯古城在公元前3千纪的微观历史进程。

在长达150多年的埃及考古发掘中，对研究埃及早期历史的考古学家具有吸引力的始终是埃及金字塔和神庙这类用规整石头修建起来的大型建筑遗存，埃及尼罗河三角洲地区被长期忽略。直到20世纪90年代，考古学家们才在埃及尼罗河三角洲地区开展考古工作。考古学家之所以长期忽略埃及尼罗河三角洲地区的考古工作，除了该地区大型建筑遗存较少之外，还有如下几个方面的原因：一是在中世纪，尼罗河三角洲的大量遗存被人们偷盗并将其用于建造中世纪的城市，因此没有被保存下来。二是根据希腊历史学家希罗多德在公元前500年前后游历埃及以后留下的记录，除了底比斯地区外，三角洲区域都被淹没在水下，这一地区长期无人居住。很多埃及学家认为在三角洲地区冲积扇土壤覆盖着的地表层，存在考古遗存的可能性不大。三是从大约公元前3000年左右的那尔迈调色板

（Narmer Palette）（见图 7 - 1）记载的战争场面来看，南部的国王征服了北方沼泽地区的野蛮人，埃及学家因此长期认为埃及三角洲所在的北方区域根本没有城市。

图 7 - 1　那尔迈调色板

根据目前的考古发掘和研究成果，我们可以看出，埃及尼罗河三角洲地区的地理位置非常重要，它把地中海东部与埃及许多地区联系起来，也的确存有大量的历史遗迹。之前我们所了解的埃及历史是建立在不完整的考古材料基础之上的，如果没有尼罗河三角洲区域开展的考古工作，我们将会失去大量有关古埃及文明的珍贵资料（见图 7 - 2）。当然，在埃及开展考古工作的确是困难重重，主要原因是尼罗河自身具有的复杂性。希罗多德曾赞誉埃及是尼罗河的赠礼。尼罗河汛期长达 3 至 4 个月，洪水从上

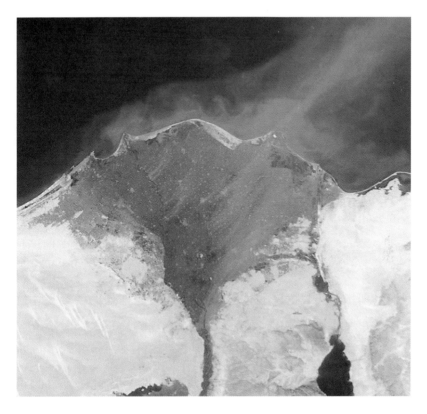

图 7 - 2　尼罗河三角洲地貌

游带来大量的肥沃土壤，为农业生产提供了良好条件。然而，由于尼罗河的河道非常狭窄，在河道两边寻找聚落遗址的位置具有一定困难。三角洲地区的情况更为复杂，经常性的河道变迁导致房屋、墓葬等不断变迁。洪水时期的城市面貌，尤其是古代城市的发展，受河流的影响很大。在汛期，很多城市被河水划分为很多小的区域，古埃及人主要借助船只来往于各个区域之间。古埃及人留下来的墓葬和丧葬品印证了这点。正是受到这种河流的影响，埃及尼罗河三角洲地区的城市形状不是很规整，一些墓地也因此远离主要城镇。在汛期，古埃及人划着船只往返于城镇与墓地。古埃及尼罗河三角洲的这种景象与意大利的威尼斯水城较为相似。

蒙迪斯在埃及尼罗河三角洲的东部，位于曼苏拉东南 15 公里的地方，由两个土丘组成，北部的土丘叫蒙迪斯，南部的土丘叫特迈。在罗马时期（公元前 30—公元 395 年），这里形成了一个冲积平原，成为新的定居点。实际上，蒙迪斯在古埃及历史上处于不断的发展演变中。蒙迪斯地区的地层在不断地叠加，而尼罗河三角洲地区的城市建设在很大程度上受到河道变迁的影响。在对埃及，尤其是对尼罗河三角洲地区进行考古发掘时，要充分考虑当地环境的演变。

亚当斯博士领导的考古团队对蒙迪斯的发掘工作主要集中在第一个王朝更替期（The First Dynastic Circle）的地层。他首先介绍的是他与其导师瑞德福（D. B. Redford，加拿大埃及学家）在蒙迪斯对祭祀区域所进行的发掘。这个区域的年代可追溯到公元前 3000 年，并一直延续到拜占庭帝国时期（见图 7 - 3）。该祭祀建筑为土坯墙所围绕，土坯墙的年代较晚。祭祀建筑的核心区域出土了一个神祇的雕像，他的头部是四只公羊头，这四只公羊头用来表示四个方位（见图 7 - 4 和图 7 - 5）。另外一个重要的发现是第 26 王朝时期的一处建筑，其建造时间最早可以追溯到公元前 1500 年，形式与卢克索市卡尔纳克神庙的布局较为接近。特别值得人们关注的是，它的一部分是祭祀遗迹，另一部分是泥砖土坯建筑，两部分没有分离开来。主神庙区在公元 7 世纪建立了一个比较开阔的祭祀场所和大型石室，用来放置公羊头神像。神庙区建立在一个不断抬升的地基之上，这正是亚当斯博士领导的考古队的主要发掘和研究区域。考古团队的发掘区域在该大区域边界靠近主神庙的区域，之所以选

图7-3　祭祀区域

图7-4　祭祀建筑

图7-5　公羊头神像

择这个地区是因为他们在古老的祭祀中心下方发现了泥砖结构的夯土建筑（见图 7 - 6），这个方形建筑被视作祭祀台，而他们的发掘区就位于该祭祀台的边界。目前，这里的考古工作仍在进行，但发掘当中遇到的最大困难就是地下水问题，发掘团队采用了比较精密的排水仪器。由于在相对比较低的地方发掘，深度达 4 米，所以在发掘初期，他们就建立起一个完整的规划系统，预测在哪些地点会遇到地下水。他们使用专业的仪器探测地下水的深度，了解地层的大致情况，以便采取相应的措施。

图 7 - 6　祭祀中心下方的夯土建筑

发掘区的地层年代从第 1 王朝早期持续到中王国（约公元前 2055—前 1650 年）早期，历时千年之久，跨越了整个第一个王朝更替期。根据出土遗迹和遗物情况，地层被大致分为三个阶段。

首先是早期地层，该地层发现的证据正好能够与文献记载相匹配。房址底部存在儿童殉葬的情况，而且还能够明显地看到房屋建筑发展演变的情况。建筑内部和周围有大量的考古遗物，特别是大量制作面包的陶器的碎片，很多陶片表面有刻划痕迹（见图 7 - 7），但目前学术界还不能确定这些刻划痕迹的意义，可能与他们的管理活动有关。同时，他们发现了大量泥质的印章和纸草记录（见图 7 - 8）。这些印章和纸草记录被当作标签使用，也是当时的埃及人在管理社区事务中使用的用品。这表明第一个王朝更替期的早期已经形成了社会管理系统。另外，考古团队在第 2 王朝（约公元前 2890—前 2686 年）晚期的地层中发现了大面积的纪念性建筑物，这些建筑物被掩埋在祭祀台的下面，其用途不明确，但从其规模来看，如此大面积的建筑物应该是比较重要的遗迹。其中一处建筑物的功能比较明确，应该是厨房（见图 7 - 9），考古队在里面发现了燧石刀具（见图 7 - 10）、灶台和炭化遗存等。

图 7 - 7　制作面包的陶器的碎片

图 7-8　印章和纸草记录模具

图 7-9　厨房遗迹

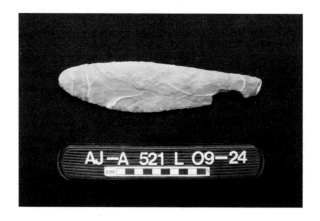

图 7-10　刀具

其次是中期地层，其时代主要为古王国时期中期。虽然这一时期建筑物的形态不甚美观，但从建筑物中的出土遗物来看，此时的社会应当处于很重要的转型期，可以与其他地区相互对应。与早期地层出土的大量猪骨不同，这个时期的地层出土了很多牛骨；同时，这个时期的资料中，也有了关于牛的记录（见图 7 - 11），例如帕勒莫石碑上面记录了古王国时期埃及人每两年清查牲畜的情况。这个时期的地层遗物还表现出了这样一些特征：陶器形制、实物制造工艺和技术的转型、面包、啤酒、牛奶生产方式的转变、小麦等谷物种植品种的变化（见图 7 - 12）。所有这些新现象可能都与金字塔的建筑密切相关。

大型金字塔建筑需要很多重要因素，比如大量人力的使用、全国经济的共同支持。埃及人的生活与金字塔建造的一个环节或多个环节互相关联。金字塔建筑完成之后，为了保证国王死后能够持续得到祭品，国王将金字塔周围的一部分土地给予某些祭司和守墓人，这些人逐渐发展出一个社区，在国王的献祭仪式中发挥重要作用。古王国后期的第 5 王朝（约公元前 2494—前 2345 年）和第 6 王朝（约公元前 2345—前 2181 年）时期的地层遗物还表明了中央政府逐渐重视地方行省的建筑事业，说明地方势力开始上升。

图 7 - 11　浮雕中有关牛的资料

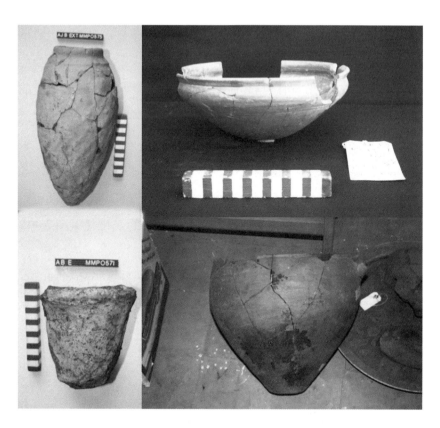

图 7 - 12　陶器

最后是第一中间期（约公元前 2160—前 2055 年）和中王国时期的地层。值得注意的是，在这一时期，祭祀台的测量标准单位是 52.5 厘米，不同于 45 厘米的测量标准，这一时期王权中心的测量单位也是 52.5 厘米，由此也可以看出，这时，此区域应该受到了中央王权的掌控，此祭祀地点由中央王权授权，并在财力等多方面给予支持。同时，这一时期出现了由传统中心王权经济到地方性以神庙为基础的经济的转变。这种分权革新是一种建设性的发展，伴随而来的是地方精英和神庙祭司的出现，地方精英也开始建立属于他们自己的大型墓葬。随之而来的是第一个王朝更替期的结束，考古团队在神职人员居住区域发现了大量灰坑和燃烧痕迹。考古团队在此区域之外还发现了30 具带有屠杀痕迹的人骨。这些人骨不是自然死亡状态，有些人可能是在这里被杀害，也有一些人是在其他地方被杀害，然后再丢弃到此处。墓地内部的坟墓用夯土进行建筑，并用夯土矮墙将墓室分割开来，人骨和随葬品分散在各处（见图 7－13）。此外，墓葬之上有大量被烧毁的建筑结构、陶器和石器，可能是神庙被烧毁时倒塌造成的。最终，蒙迪斯衰落，衰落的原因目前不详。以上就是蒙迪斯城址的大致演变过程。

图 7－13　人骨遗存

（整理者：朱彦臻　贺娅辉）

主讲人简介
（第八讲至第十二讲）

托马斯·施耐德（Thomas Schneider）

加拿大英属哥伦比亚大学埃及学和近东研究教授，中国社会科学院外国考古研究中心客座研究员。

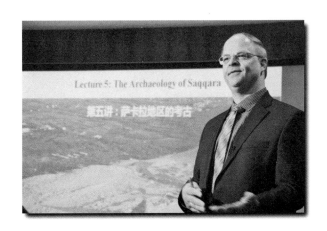

主要研究方向为埃及考古、古埃及历史以及近东与地中海地区的文明同步化等。施耐德教授毕业于瑞士巴塞尔大学，分别于1990年和1996年获得埃及学硕士和博士学位。1991—1992年，担任法国法兰西公学院瑞士国家科学基金会研究员。

从事研究以来，他著有大量文章和书籍，包括《尼罗河和它的人民：古埃及新史》、《古埃及101个问答》、《中王国至喜克索斯时期的埃及外族》等。

第 八 讲

古埃及的国家与帝国

埃及国家为古代埃及的政治和经济体制提供了结构基础。本讲座介绍了古埃及概况、埃及历史、埃及王权、埃及行政机构、埃及经济、城镇和军事等。讲座主要对这样几个问题展开探讨。首先，从外表来看，在3000年的古埃及文明史中，王权始终如一，但实际上随着时间的推移，王权却发生着显著的变化，并受到内部和外部历史进程的影响。其次，当代社会对埃及王权作用的认识经历了从传统专制统治思想到更为现代的思想的转变，目前学术界基本认为国王是国家金融和经济资产的行政管理者。再次，埃及历史上一个非常重要的问题是中央权力机构与省级或地方统治的关系、中央权力机构与其他政治权力机构的关系，例如埃及军队、祭司与可能是"私人"企业家之间的关系。最后，国家意识形态和埃及国王的宗教角色之间的关系也是非常重要的问题，这两者将埃及的有序世界与边界之外的混乱世界进行了明显划分，并往往与社会现实形成对比。

　　上述几个问题的核心当然是王权。王权是古埃及文明的基石，它的重要地位历经千年从未改变。但对于现代学者来说，重要的是了解历史上真实发生的事实——也就是说，要了解真实的古埃及王权。首先，从神庙和祭祀场景来看，古埃及国王似乎都做了同样的事情，但事实上每位国王的经历都不相同。其次，了解古埃及文明不能忽略一点，那就是"谁在研究埃及学这门学科"。埃及学是在19世纪由法国、英国、德国的学者们建立起来的。欧洲人眼中的古埃及，不一定是真实的埃及。再次，埃及的统治阶层构成复杂，不仅有国王，还包括省级官员、祭司团体和地方势力等。研究他们之间的关系，对我们了解埃及国家的政治会有所帮助。最后，在公元前 2 千纪的时候，埃及统治着南至努比亚，北至巴勒斯坦、叙利亚的广大地区，建立了人类历史上第一个殖民帝国。这一点，对于这一时期埃及历史的研究也非常重要。

一　古埃及自然环境

上埃及的尼罗河谷和下埃及的三角洲地区构成了埃及国土的独特地形（见图 8-1）。众所周知，尼罗河是埃及文明不可或缺的自然条件，它为埃及居民提供了丰沛的水源和肥沃的耕地。然而，埃及的可居住土地范围远比我们想像的小。埃及拥有大约 100 万平方公里的国土面积，但实际上，可居住面积只有 32000 平方公里，这个居住面积相当于北京行政辖区的两倍。历史上，埃及的人口从来没有超过 500 万，而现在埃及的人口已经达到近 9000 万人，并且还在以每年 150 万的数量继续增长。我们可以想像一下，有限的居住范围居然接纳了如此庞大数量的人口的景象。古埃及的居住区大部分位于尼罗河河谷和三角洲（见图 8-2、图 8-3）。所以，尼罗河的泛滥与农业经济和人民的生活紧密相连，埃及百姓非常依赖尼罗河。实际上，埃及的统治者很早便意识到，掌握尼罗河的控制权便可以掌握统治埃及百姓的权力。法老作为神在人间的代表，职能之一就是确保尼罗河水发生适宜的泛滥——干旱和洪涝都会对农业生产造成严重影响。5000 年来，埃及国王作为王权的基础从未改变过，但尼罗河的河道在历史上频繁变动。埃及国王虽然无法对自然现象进行控制，但可以通过农业耕种和对尼罗河水位以及农业生产的监管等间接地统治尼罗河流域的古代居民。

图 8-1　古埃及地形图

图 8 - 2　底比斯地区的尼罗河河谷

图 8 - 3　阿斯旺地区的尼罗河河谷

二 古埃及历史分期

公元前 250 年的埃及祭司马涅托将埃及历史划分为 30 个王朝，现代学者在此基础上将埃及统一强盛的时期称为"王国时期"（Kingdom），将政权分裂的时期称为"中间期"（Intermediate Period）。"中间期"的说法形成于 19—20 世纪的欧洲学术界，那时学者们对中间期的了解较少，存在一些错误看法，比如认为这一时期是"负面的"和"萧条的"，但史实并非如此。现在的埃及学家们正逐渐细化和改善这种观念。到目前为止，埃及学术界较为广泛使用的一种古代埃及历史分期如下：

史前时代（约公元前 3000 年以前）

前王朝时期（约公元前 3000—前 2700 年）

古王国时期（约公元前 2700—前 2200 年）

第一中间期（约公元前 2200—前 2050 年）

中王国时期（约公元前 2050—前 1650 年）

第二中间期（约公元前 1650—前 1550 年）

新王国时期（约公元前 1550—前 1070 年）

第三中间期（约公元前 1070—前 664 年）

后期埃及（公元前 664—前 332 年）

希腊罗马时期（公元前 332 年—公元 4 世纪）

三 古埃及人关于王权的意识形态

埃及国王是荷鲁斯神在人间的代表，负责维护"世界"秩序。国王在国家统治中扮演的这一角色，与其私人的生活没有关联。神庙的祭祀浮雕经常刻画有国王向神献上玛阿特（Maat）的场景。玛阿特代表公平、正义、真理，象征着秩序，而与之相对的是伊斯费特（Isfet），是混沌的代名词。向神献上玛阿特的意思是：由我来继承维护正义的职责，由我来履行对抗伊斯费特的使命（见图8－4）。

图8－4　向神供奉玛阿特作为服从神之委任的标志

　　荷鲁斯作为国王的守护神，以隼鹰的形象出现，守卫王权。我们以古王国时期国王哈夫拉的雕像为例（见图8－5）。从雕像后面观察，我们就会发现，一只隼鹰张开双翼保护着国王。国王永远以胜利者的形象出现，埃及人对于失败的事件只字不提。所以，国王重创外敌这一题材在古埃及的历史上经久不衰。从公元前3000年开始的埃及法老，到公元后行使法老权力的罗马皇帝，都使用同样的题材，就像图8－6里面的两幅浮雕画面表现的那样。

图 8-5 国王哈夫拉的雕像

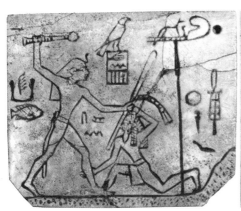

埃及第1王朝法老登（公元前2950）

罗马皇帝图拉真（公元98—117年）

图 8-6 不同时期法老"打击外敌"的形象

图 8-7　代表敌人的"九弓"形象

图 8-7 左侧是根据日本考古队在底比斯发现的一座神殿复原的模型。神殿甬道上刻画着被俘外敌的形象，法老通过脚踏外敌的形象走入主殿，以表现对外敌的征服，展现王权。古埃及人相信脚踏敌人这一行为不仅具有政治上的意义，还是一种充满法力的仪式，国王不用外出征战，仅通过这一仪式便可以征服外族。埃及人把外族所擅长的武器"弓"作为外敌的标志，九为数字的最高，所以"九弓"意为所有的外族敌人。

脚踏"九弓"、打击外敌、进献玛阿特等是古埃及国王反复使用的宣扬埃及王权的形式化题材，并不能作为判断历史事实的依据。同时，即便埃及国王战斗失败，他们也不会将其记录下来，所以，在埃及历史上，真实的战斗情况，一直以来都是埃及学研究中的大难题。例如，图坦卡蒙的珍宝盒上铭刻着他抵御外敌的形象，但实际上，这位年轻的法老从来就没有踏上过战场（见图8-8）。

图8-8　图坦卡蒙以神化的形象践踏外敌

在埃及人的观念中，埃及国土是一个理想化的秩序世界，他们格外强调内部和外部的区别。生活在埃及国土内的人民就是被理想世界接纳的民众。在埃及文献中，并没有与种族主义有关的描述。利比亚人、努比亚人、巴勒斯坦人都可以生活在埃及，并被视为埃及人（见图8-9和图8-10）。埃及人没有关于种族高低贵贱的观点，只有是否属于埃及的区分。

为了体现自己作为统治者的身份，法老出现时的形象始终是完美无瑕的，面部洁净、头戴王冠或神冠、身着华丽服装，从不展现作为普通人的那一面。比如，众所周知的图坦卡蒙黄金面具所描绘的面

图 8-9 被俘的努比亚人形象

图 8-10 利比亚人（左）和背孩子的喜克索斯妇女（右）的形象

庞，并不是图坦卡蒙真实的样子，而是神化的、理想化的统治者的模样（见图8-11和图8-12）。王权的至高无上和国王的完美形象也被大量埃及文献记录了下来，埃及学家称这种文本为"忠诚说教文"（The Loyalist Instruction）。以下为第12王朝时期"忠诚说教文"的节选片段，其文字生动优美，是中王国时期埃及文学的代表作。

> 他能感知每个人的心，他能够洞察一切。他是太阳神，大家能够看到他的光芒，因为他比日轮还强大，可以照亮上下埃及更多的地区。他可以让植物生长，甚至使其超过洪水泛滥时期的生长状态。他让上下埃及获得胜利和生机。当他开始愤怒的时候，（人们的）鼻孔会变凉，但当他平静的时候，人们可以重新呼吸空气。他是塞赫迈特（狮头女神，掌管战争和瘟疫），惩罚那些违背他统治的人，那些不能获得他认同的人会充满愧疚。

图8-11　图坦卡蒙的黄金面具

图 8－12　体现法老与神之间密切关系的浮雕

四　古埃及行政与经济概况

　　古埃及国家行政区共划分为42个"诺姆"（即省）（见图 8－13）。公元前 1800 年之前，每个诺姆都由省级行政官进行管理，公元前 1800 年之后由市长进行区域管理。其中的原因和变化还有待进一步研究。值得注意的是，古埃及的官职头衔十分繁复。在第 5、第 6 王朝时期，官职系统就已经非常完备，其中被称为"维西尔"的宰相掌管着国家命脉，负责监管国家行政、经济和司法系统。这一职位最初由王室家

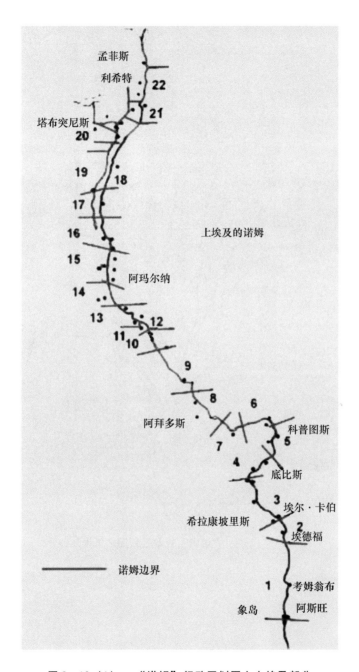

图 8 - 13（1）　"诺姆"行政区划图之上埃及部分

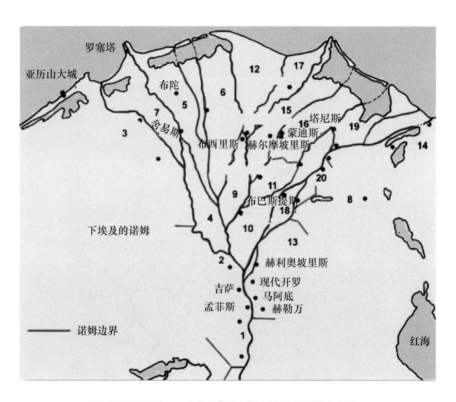

图 8-13（2） "诺姆"行政区划图之下埃及部分

族掌控，从公元前 2300 年开始，一些地方家族也可以担任宰相职位，后来从约公元前 1500 年开始，维西尔在地方精英家族中得以世袭。古埃及的国家行政等级系统非常复杂，除去国王、维西尔以外，还有国库监管、粮食监管、建筑监管等职位（见图 8 – 14 和图 8 – 15）。

图 8 – 14　大金字塔的建
　　　　　筑监管赫缪努

图 8 – 15　宰相和底比斯市长拉莫斯

埃及经济以小农经济为主。王室家族在早期阶段掌控全国经济大权。随着国家体制的发展和官僚化的出现，神庙、军队和一些国家机构也拥有了独立的财产。他们之间在土地分配上面一直存在竞争（见图 8 – 16 和图 8 – 17）。

图 8 – 16　描绘农业生产场景的壁画

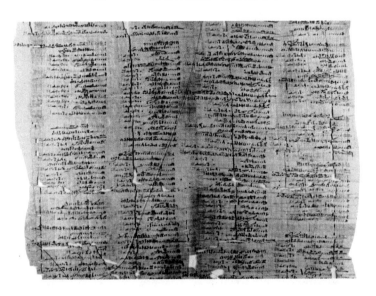

图 8 – 17　有关土地使用情况的文献（威尔伯纸草，约公元前 1100 年）

埃及经济最重要的一部分是贸易，包括远程贸易和区域内的贸易。这一方面保证了国家的经济运转，另一方面确保了上层社会奢侈品的来源。著名的哈马马特干河谷就是一条连接尼罗河至红海的道路（见图8－18）。考古学家在这条干河谷发现了刻有铭文的石碑，石碑铭文记录了当时的贸易状况。另一个著名的例子是"乳香之路"。第18王朝哈特舍普苏特女王统治时期，埃及人远征蓬特地区（现埃塞俄比亚北部），她将埃及远征军获得香料和贵金属等的情况记录在神庙内。如今，我们可以看到蓬特的国王和王后的形象，尤其是王后的形象，她臃肿的身材似乎得了某种疾病，埃及人像"人类学家"一样细致地把这些特征记录了下来（见图8－19）。最新的研究成果表明，埃及的远程贸易有可能已经到达中非地区。远程贸易的另外一个证据是"青金石之路"（青金石从阿富汗来到埃及的通道），从公元前4千纪开始，来自阿富汗查盖山脉的青金石便已来到埃及。

图8－18　哈马马特干河谷

图 8 - 19　蓬特国王和王后的形象

古埃及的畜牧业同样重要，狩猎、捕鱼、捕鸟为埃及人提供了必要的食物补给。国家机构和神庙监管的手工作坊生产手工制品。陶器制作、房屋建筑和船舶建造等同样是古埃及经济的重要组成部分。南方努比亚地区的金矿是埃及国家经济的重要基础之一。

从中王朝时期开始，神庙经济逐渐发展成为一个独立的、与国家经济平行的系统，这对当地食物分配、劳动力和制造业都非常重要。古埃及神庙包括祭祀诸神的神庙和王室祭祀祖先的神庙。在之后的新王国时期的某个时刻（约公元前 1200 年），神庙拥有埃及近三分之一的土地。卡尔纳克神庙或美迪奈特·哈布的拉美西斯三世葬祭庙占地庞大，我们完全可以从其庞大的建筑面积窥见它们在当时埃及经济中占有的重要地位（见图 8 - 20、图 8 - 21、图 8 - 22）。至公元前 1 千纪时，埃及社会发生变化，神庙变得更加重要，以至于阿蒙神

（Amon）被视为统治埃及的真正国王，而法老被看作是阿蒙神的仆人。就像现在的伊朗那样，宗教大祭司成为国家的实际领袖和统治者。

图 8-20 卡尔纳克神庙复原图（公元前 1200 年）

图 8-21 现在的卡尔纳克神庙

图 8-22 拉美西斯三世在美迪奈特·哈布的葬祭庙遗址

五 古埃及的城镇

在过去很长一段时间里，古埃及的城镇是埃及学家和考古学家面对的难题——因为曾经作为居住、军事和行政中心的城镇都已经消失了，或者尚且未被发掘出来。这种情况在最近 20 年开始有所改善。上文提到，在古埃及的国土面积当中，古埃及人的实际居住面积比较小，仅为北京行政区域的两倍。尼罗河三角洲地区的可居住面积占埃及全国的三分之二。之前的考古发现主要集中在开罗到努比亚之间的尼罗河河谷区域，这一地区出土的文物占埃及全国文物的九成。三角洲地区的自然环境非常不利于考古工作，所以在历史上被称作"下埃及"的这一地区的城镇景观一直都是未知领域。另外，位于三角洲地区的遗迹保存较差。地下水位上升、人口快速增长、城镇化快速进行，使三角洲地区的许多遗迹正在消失。根据 1914 年对三角洲地区的考古调查，当时有土堆遗迹 400 多个，现在大都已经消失不见。荷兰考古学家也尝试在方圆 40 平方公里内进行调查，发现有 92 个古代聚落，但其中 71 个已经下沉或者被现代建筑所掩盖。1828 年，法国埃及学家商博良考察位于三角洲地区的舍易斯城，感叹其为"巨大的宫殿"，而如今此地已无迹可寻（见图 8 – 23）。若 19 世纪初就对三角洲地区进行考古发掘的话，相信这里出土的文物会使我们对古埃及文明的认识有所改变。

图 8 – 23　舍易斯城的今昔对比

幸运的是，三角洲地区也有少数保存下来的遗址，例如塔尼斯和拜贝特—海格遗址（见图8-24和图8-25）。拜贝特—海格的伊西斯神庙是下埃及最大而且保存最好的伊西斯神庙，周围有比上埃及阿拜多斯更重要的祭祀奥西里斯的遗迹。在尼罗河河谷地区，唯一一座保存完好的古代城镇位于埃德福，美国芝加哥大学在此地做了系统的考古发掘工作（见图8-26）。埃德福的城镇遗址使得学者们首次可以在考古的背景下对地方行政和国家行政进行研究。另外一类保存下来的城镇比较特殊，属于临时城镇。在古王国时期，国家修建临时性城镇用于建造和维护金字塔，因此这种城市也被称作"金字塔城"。金字塔建成、国王顺利下葬以后，金字塔城的大部分将被遗弃，工人们迁移至下一个工作地点。小部分居址会被保留下来，用于金字塔的维护和献祭服务。小部分地理位置优越的金字塔城得以保留下来——如

图 8 - 24　塔尼斯遗址

图 8 - 25　拜贝特—海格的伊西斯神庙复原图

图 8 - 26　埃德福的城镇遗址

靠近法尤姆绿洲的拉宏（见图 8 - 27），它后来逐渐变成一个地区的中心城镇；除此之外，大部分金字塔城在履行完了任务之后，便被弃用。

图 8 - 27　拉宏的金字塔城居住区平面图

六　古埃及帝国时期军人阶层的出现

公元前 2 千纪，埃及进入帝国时期。由于埃及东西两侧均为沙漠，其领土扩张呈现出南北向延展的特征。帝国时期的埃及疆域南至努比亚（今苏丹）地区，北达叙利亚地区。新王国时期的埃及已设有常备军，还拥有大量的雇佣军（见图 8 - 28），这使得它在与西亚国家的军事较量中占据优势（见图 8 - 29）。埃及国王的角色也有所变化，此时国王被视为战争英雄，这在之前的古王国和中王国时期并不存在。从神学和意识形态上看，这时的埃及也同西亚国家存在竞争，比如新王国时期的阿蒙开始被称作是全宇宙的领主，以对抗美索不达米亚和安纳托利亚的神祇。

图 8 - 28　表现职业雇佣军形象的木雕模型

图 8 - 29　从公元前 1500 年起，埃及拥有大规模常备军

图 8 - 30　郝列姆赫布在萨卡拉模仿王室墓葬所建造的私人墓葬

　　在古代埃及，军事团体是一股不断发展的力量，在埃及国家的政治和经济中扮演着重要角色。从公元前 1500 年起，埃及便已拥有大量常备陆军和海军。在萨卡拉地区，考古学家发现了第 18 王朝末期的法老郝列姆赫布的墓葬。他在登基成为法老之前，是埃及军队的首领。他在做将军期间，为自己在萨卡拉修建了一座墓葬，其规模之大，可以证明当时军事团体的财富和地位（见图 8 - 30）。这仅是他拥有的两个墓葬之一，郝列姆赫布在帝王谷还有一座装饰精美的墓葬（见图 8 - 31 和图 8 - 32），这种情况甚至令我们认为他在当时掌握了比法老更大的实权。

　　埃及帝国首先选择向南部扩张。在中王国时期，埃及就在努比亚地区建立大量军事堡垒，对当地进行殖民统治，并设有省级行政管理

图 8 - 31　郝列姆赫布在卢克索的第二座墓葬

图 8 - 32　郝列姆赫布的形象

机构，以确保在努比亚地区的经济盘剥和军事管理（见图 8 – 33）。其中，最著名的堡垒是位于第二瀑布处的布亨。它沿尼罗河修建，防御城墙长度达到 460 米，宽度达 200 米（见图 8 – 34）。新王国在中王国的基础上，将国境线继续向南推进。这些修建在努比亚地区的军事堡垒当中的大部分在建造纳赛尔水库时被淹没，但也有幸存的遗址，如谢尔法克和尤龙纳尔提（见图 8 – 35 和图 8 – 36）。在北方，新王国时期的国王图特摩斯一世、图特摩斯三世以及他们的继承者，将埃及的势力扩张至巴勒斯坦和叙利亚所在地区。与埃及帝国争夺叙利亚和东地中海贸易权的主要国家是米坦尼和赫梯帝国。帝国间的外交与战争被埃及人

图 8 – 33　努比亚地区地图

图 8 - 34　布亨的防御城墙

图 8 - 35　谢尔法克堡垒遗址

图 8 - 36　尤龙纳尔提堡垒遗址

记录下来，但正如前文提到的，埃及人所记录的事件都是以埃及国王胜利作为结局，不能看作信史。神在赋予法老权利的同时，也授予其保卫埃及国土的义务，因此法老的对外战争只能胜利不能失败。虽然在对内宣传上，法老始终以战无不胜的姿态出现。但实际上，埃及帝国也会同其他国家结盟，这点在战争的技术交流和文化的相互影响上体现出来。

　　传统观点把埃及当作一个与世隔绝的神秘文明，认为它与非洲南部、地中海国家和美索不达米亚地区没有任何接触，独立发展。事实上，埃及文明从很早开始就与周边国家有技术上的交流，比如从安纳托利亚引进的金属冶炼技术等。从文化、社会方面的证据也可以看出，埃及是一个对周边地区非常开放的国家。马和马车的使用很有可能是公元前 2 千纪从中亚地区进入埃及的。最近的考古发现证明，在戴尔—达巴保存有埃及最早的马的骨骼，绝对年代约为公元前1600年（见图8-37）。这种新技术和新武器的引进，带动了埃及熔炼产业的发展。在同一时期，埃及组建了常备军和战车部队。养马人、贩马人也应运而生（见图8-38）。数万埃及人以此为生，埃及的社会结构开始发生变化。新技术和新职业的出现，对埃及的国家和社会心态都有影响，这使得埃及开始像帝国一样思考问题。

图8-37 戴尔—达巴出土的埃及最早的马的骨骸

（约公元前1600年）

在古代埃及，马匹的价格不菲，通过一副讽刺壁画就可以看出来。画家用两头奶牛替换了原本作为拉车牲畜的马，言下之意是无法负担马的价格，只得用牛（见图8-39）。马代表了速度与力量，同

图 8 – 38　贩马人的形象

时象征服从与忠诚，因此，很受上层社会青睐。至少从新王国开始，埃及上层社会的每个人几乎都有一架属于自己的马车，这可以和我们现在的汽车做类比，马车是当时埃及人身份的体现。新王国时期的国王也非常喜欢描绘自己站在马车上出行、战斗、狩猎的场景。目前得以保存的埃及马车共有 8 架，其中 6 架出自图坦卡蒙墓（见图 8 – 40和图 8 – 41）。埃及并不生产制作马车所需要的木材，如制作轮缘的白蜡木、制作辐条的橡木、制作系索的桦树皮等，这些原材料全部来自埃及以北的欧洲地区。

帝国时期，埃及军人使用的武器也有了新的种类，例如带孔板斧、鸭嘴形战斧、匕首和剑。弓箭最早被埃及人认为是外族的象征，而这时在埃及的军队中也得到广泛应用。造型奇特的弧刃弯刀成为国王权力的象征，这些都得益于同周边国家的交流（见图 8 – 42、图 8 –43、图 8 – 44）。第 19 王朝的都城派尔—拉美西斯遗址出土了许多埃及同赫梯帝国交流的证据，例如竞技训练场的石柱、赫梯形制的盾牌（见图8-45和图8-46）。埃及在新王国时期成为帝国，军事上成功遏制周边国家，其原因正是埃及学习邻国的新技术并加以利用。

图8-39 出自底比斯墓葬的壁画，表示画家把马换成了奶牛

图8-40 古代埃及的战车

图 8-41　战马形象在器物上的体现

图 8 - 42 带孔板斧、鸭嘴形战斧及短剑

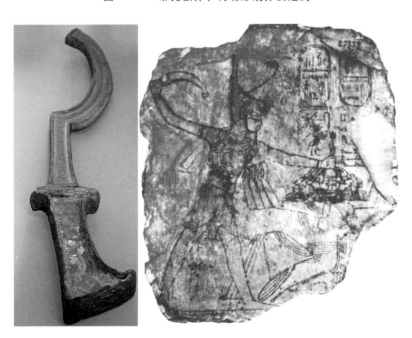

图 8 - 43 埃及弧刃弯刀

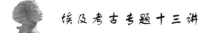

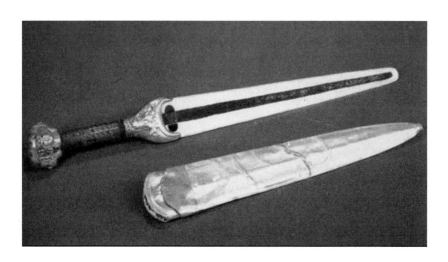

图 8 – 44　埃及短剑

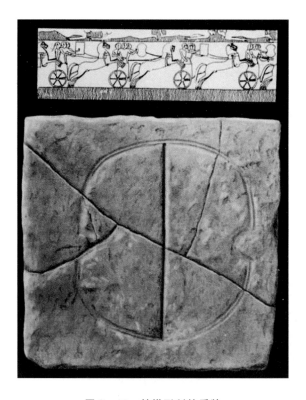

图 8 – 45　赫梯形制的盾牌

图8-46 竞技训练场的石柱

军人阶层的出现大大改变了埃及社会的结构。一位埃及将领模仿法老的模样,把自己乘坐战车、张弓狩猎的场景放在墓室中,表现了他对贵族权利的渴望(见图8-47)。一份第20王朝土地分配文献提到了埃及社会不同的职业所获得的土地面积,其中排在第二位的就是士兵阶层。埃及人服兵役即可获得土地,这和罗马的军事制度以及其他许多国家的规定类似。

埃及帝国在公元前2千纪达到全盛时期。在这一时期,埃及军事力量强大,文化呈现多元化特征,埃及人拥有了国际化的心态。单从文化上来看,埃及与周边地区形成了互相影响的局面。新王国时期的一个雕像(见图8-48)便很好地证明此时的埃及人并不是偏于一隅的孤立的人群。雕像身体上的铭文向我们讲述了他的生平,其中一句话说道:"我曾渡过了那条逆流的河"。这里"逆流的河"指的是幼

图 8 - 47　军队将领模仿法老狩猎的场景

图 8 - 48　新王国时期的自述雕像，其中的一句话是：
"我曾渡过了那条逆流的河"

发拉底河，位于西亚城市卡盖美什附近。因为尼罗河水从南向北流，所以流向为从北向南的幼发拉底河被埃及人称作"逆流的河"。

（整理者：高伟）

第 九 讲

古埃及的宗教与神庙

宗教被认为是古代埃及最典型和最具代表性的特征之一，其中包括神祇、神庙以及仪式等诸多内容。在古典时代晚期和文艺复兴时期，埃及宗教被认为是人类最完美的宗教，但是从古罗马时期到 20 世纪末，学者们对埃及宗教始终存在一定误解。比如，在古罗马时期，人们难以释读为何在埃及宗教中神祇被刻画为动物的形象。关于埃及宗教，需要注意的一点是不能将其作为一统化的宗教进行讨论。对埃及宗教的真正理解应该结合其历史和地理的复杂性，依据不同历史时期以及地域分布进行讨论。许多宗教观念可能只适用于某段时间或某个地方，亦或者只是从特定的文献中能够得到印证；不同社会阶层的信仰系统与宗教行为也是有所不同的；在长期历史发展中，宗教也存在着巨变与渐变的差异。本讲座将从神祇、神庙和仪式等几个方面进行讲述。

一　古埃及神祇

关于古埃及诸神，常见的形象有三种形态：人形、动物形、人与动物混合形，这是埃及宗教的一大典型性标志。例如，创世神普塔（Ptah）（见图 9 - 1）总是以人的形象出现；荷鲁斯神（Horus）（见图 9 - 2）即天空之神或者王权的象征，往往以隼鹰的形象出现；混合形往往是动物头与人身组合的形象或者人头与动物身组合的形象，托特神（Thoth）（见图 9 - 3）是智慧之神，被塑造成了朱鹭头结合人身的形象。这些形象并不是埃及神的真实形象，而是神灵功能的象征或者神祇属性的体现。例如荷鲁斯神隼鹰的形象与其天空之神的地位是相匹配的；托特神的形象是用朱鹭代替的，朱鹭的形象在象形文字中意为"找寻、调查"，与智慧之神所蕴含的"寻找、发现"之意相匹配。

图9-1　普塔（创世神）　图9-2　荷鲁斯（王权/天空之神）　图9-3　托特（智慧之神）

实际上，古埃及神祇的真实形象是世人不可知晓、不可理解的。著名的《莱顿纸草》第一章第350节记录了一首赞美诗《阿蒙颂》（*Hymn to Amun*, *Papyrus Leiden I* 350），充分显示了阿蒙神的神性：

阿蒙乃唯一，隐藏于众生之中，隐秘于众神之间；

他的神性是不可知，其他神灵也不知道他真正的属性；

文字里找不到他的形象，甚至无法证明他的存在；

他有无上的权力，神秘至极，无法被看穿；

他伟大至极不能被质疑，他法力无边，无法被知晓；

念出他隐秘名字的人将惊恐暴毙；

他是如此神秘莫测。

尽管古埃及神祇被认为是不可知晓的，但还是存在与人类的互动或者可被人所知的特征。例如新王国时期阿蒙—拉神以王后穆特维娅（Mutemwia）的丈夫的形象出现，并生下了哈特舍普苏特（Hatshepsut）（见图9-4）。

图9-4　阿蒙—拉神与王后穆特维娅

　　另一个例子是荷鲁斯神的诞生。根据神话记载，为了争夺王权，塞特（Seth）将其兄弟奥西里斯（Osiris）（见图9-5）杀害。奥西里斯的妹妹兼妻子伊西斯（Isis）把其被分解的丈夫找回来，奥西里斯得到了短暂复活，并与伊西斯生下了他们的孩子隼鹰神荷鲁斯。后来，奥西里斯成为了冥界之主。通过这个例子，我们可以看到，埃及之神是存在死亡的，而非不朽的。

图 9 - 5　奥西里斯神

　　上述的几个例子也向我们提出了一个问题：古埃及神祇具有多大的影响力？这个问题在学术界引起了广泛争论。学者们提出了一组概念，即超验性（Transcendence）与内在性（Immanence）。超验性是超越时空和一切经验之上的，内在性是在时间、空间和经验范围之内的。如今，学术界的一种观点认为埃及之神具有无上权力但却不是超验的，并不能超越自然法则。在大量文献中，我们可以看到神具有超越人类的能力，或被描述为具有"万千眼"或者"万千耳"，但却不是法力无边，依然要服从自然规律。除此之外，许多埃及神祇的影响力有地域性限制，这是一种内在性的体现。当人群迁徙到不同的地区或城市，要向当地神灵献祭。当然，也有学者认为神具有超验性。例如，在新王国时期，阿蒙一拉神是万物和众生之神，被部分学者认为具有超验的倾向性。

对于埃及之神是具有超验性还是具有内在性，我们还需要更为系统地了解一下埃及神祇的历史，这其实也是古代埃及的祭祀史或者献祭史。例如，我们常常提到阿蒙神比普塔神更具有影响，因为阿蒙神的神性高于普塔神，普塔神只是孟菲斯（Memphis）的本土神。我们可以看到，埃及神祇是遍及整个宇宙的，神像往往是神暂时的替身和居所，这使得神灵无处不在。例如，战神塞赫迈特（Sehmet）（见图9-6）的雕像遍及埃及各个神庙，每日同一时刻祭司会向神献祭，表明这个神灵出现于埃及各地。

图9-6　战神塞赫迈特雕像

二　古埃及神庙

　　埃及宗教的另一个重要组成部分是神庙。神庙是举办官方祭仪的地方，祭祀主要是国王、精英以及祭司阶层的活动，普通人没有权力参与其中。神庙并非只是用于祭祀的建筑，还是理想世界的宗教"模型"，祭司通过在"模型"中举办宗教仪式来维持世界秩序。国王具有古代埃及的最高政治权力，同时在理论上也是全埃及所有神庙的最高祭司，统治着埃及的宗教世界。尽管具体宗教仪式是由祭司阶层进行，但祭司阶层从未被描绘过，我们唯独看得到的是国王进行宗教礼仪的场景。例如，图9-7是神庙中的一处浮雕，刻画的是战神塞赫迈特在接受国王宰杀的牲口作为牺牲的祭祀仪式。实际上，屠宰动物供奉神灵的仪式应该由祭司阶层完成，但由于国王对神庙有绝对的统治权，因此刻画出来的人物是国王而非祭司本人。

图9-7　战神塞赫迈特接受国王宰杀牲口的祭祀仪式场景

作为理想世界的宗教"模型"，古代埃及的许多神庙都被保存下来。这些神庙的外形十分独特，标志性的特点是巨型塔门，其建造形状和象形文字中的"山（◠）"的书写形式如出一辙。神庙塔门被视为东西方的地平线，也是日出和日落之地，进入神庙即意味着通过大山进入了理想世界（见图9-8和图9-9）。

图9-8　埃德福神庙

图9-9　美迪奈特·哈布葬祭庙

当进入神庙之后，地面的高度不断抬升，意味着不断走向神圣；神庙的顶部也在不断降低，空间不断缩小，直至神庙最深处放置着神灵雕像的神殿（见图9-10和图9-11）。在大型的神庙建筑中，由大门进入神殿的长度可达数百米。

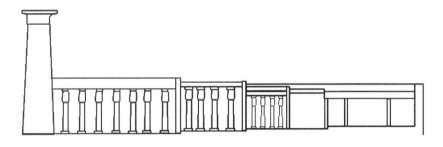

图9-10　神庙建筑侧面图

图9-11　神殿

埃及神庙为什么会以此种方式进行建造？实际上，地面抬升意味着攀爬山峰，这种理念是与埃及的创世观念密不可分的。众所周知，尼罗河每年定期泛滥，当洪水退去，土地重新出现。古代埃及人认为"原初之丘"是从"原始瀛水""努"（Nu）中升起的，从而出现了第一片土地，出现了世界。同样，金字塔的建造也与"原始瀛水"观念相关，金字塔的形状即为"原始瀛水"退去之后升起的"原始之丘"。正如前面提到的，神庙是埃及宗教中的一个理想世界，是创世之初的世界。这个理想世界不同于我们真实的、混沌的世界，是一直持续存在的。"原始瀛水""努"（Nu）既是尼罗河和地表水之源，也是混沌之蛇阿波菲斯（Apophis）的栖身地。古代埃及人认为末日之时，世界崩塌后重归"原始瀛水"之中。同样，在神庙内部，"原始瀛水"的创世观念也有所体现，例如阿拜多斯的奥西里斯神庙（Osireion）的一个水池中注有绿色的水，这个水池应该营建于神庙建造之初（见图9－12）。神庙中的绿色之水代表了生命、复活与植物，极有可能被用于祭祀仪式。奥西里斯作为复活、降雨和植物之神，常常也被刻画为绿色的皮肤。位于吉萨（Giza）的胡夫金字塔，尽管神庙已经不复存在，但通过目前的遗存，我们可以看到当时神庙的地面是用玄武岩建造而成的，使用玄武岩的原因在于黑色的玄武岩可以表现"原始瀛水"退去之后"原始之丘"的颜色（见图9－13）。

　　神庙建筑两侧的墙壁上还刻有浮雕，往往在较低的台阶两侧表现的是丰收或者供奉食物的场景，以代表复活与生机（见图9－14）。

　　同时，我们还能看到，当尼罗河水泛滥之时，神庙会被淹没（见图9－15）。根据文献记载，当时的国王将这解释为世界重新诞生的过程，水面露出的神庙就像创世的首片土地，国王自己便是创世之神。

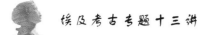

图 9 - 12　阿拜多斯的奥西里斯神庙

图 9 - 13　吉萨神庙地表玄武岩

图9-14 供奉场景浮雕

图9-15 尼罗河泛滥淹没神庙的场景

多柱大厅位于通往神殿的路上，大厅内部建有许多巨型石柱，不同形态的石柱表现了"原始之丘"上生出的各种植物，模仿了森林的场景（见图9－16）。除此之外，巨型石柱之上还刻画着诸神的形象，天花板被描绘为蓝色，这些都代表了创世之初宇宙与星辰的景象（见图9－17）。

图9－16　巨型石柱

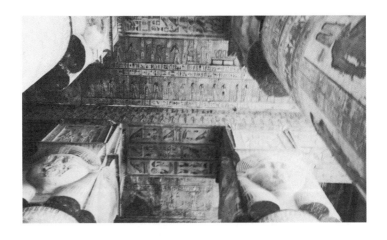

图9－17　神庙建筑内的蓝色天花板

从进入神庙到逐渐靠近神殿的过程中，人们可以观察到神庙的轴线其实代表了太阳由东向西运动的轨迹（见图9-18）。在轴线的中点位置，往往刻画有日盘或者太阳光束，并在其旁刻画有秃鹫的形象。在神龛内部，神灵的雕像矗立于理想世界的"原始之丘"之上。在神庙内部，还建有祭司使用的设施，例如储藏室、宰牲室等。神庙周围建有巨型围墙，围墙将秩序世界与混乱世界隔离开来，比如建造难度极大的波浪形围墙代表了围绕着世界的"原始瀛水"（见图9-19和图9-20）。

　　既然神庙是理想世界的重构，除了上述的神庙建筑造型，建造神庙的材料同样需要反映物质世界，比如会采用来自东西方不同地方的石材和用于制作颜料的矿物。神庙的储藏室和宝库被用于存

图9-18　神殿轴线

图 9 - 19　丹德拉神庙的墙垣

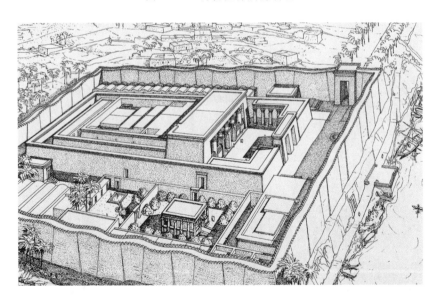

图 9 - 20　考姆翁布神庙复原图，请注意波浪形围墙

放珍贵金属、礼品以及"对抗混沌"而获得的战利品以供奉神灵，并以此表现世界处于有序之中。一些特别的房间也被用来模拟理想世界的面貌，例如图特摩西斯三世（Thutmose III）在卡尔纳克神庙的植物园描绘了安纳托利亚、美索不达米亚、伊朗等各个地区的各种动植物。在埃及神庙之外，还建有被认为是理想世界的海洋的圣湖，这些圣湖尽管建于神庙之外，但也是理想世界的一部分（见图9-21）。

图9-21　卡尔纳克阿蒙神神庙外的圣湖

在神庙之中还存在大量的装饰，这些装饰的内容也是世界的一部分。首先，装饰的位置遵循了宇宙观，北方和南方代表下埃及和上埃及，东方和西方代表日出和日落。除此之外，神庙内部象征秩序的世界——埃及，装饰表现的内容包括对神灵的崇拜以及国王与神的关系，而神庙外部如同埃及土地之外的混沌之地，外部围墙往往描绘了国王战争和狩猎的场面，以显示国王"对抗混沌"的势力。例如，在卡尔纳克神庙的多柱大厅（Great Hypostyle Hall）北侧同一位置的内墙和外墙（见图9-22和图9-23）上，分别描绘了国王塞提一世（Seti I）击打敌人和向阿蒙神献祭的场景。埃德福神庙墙外侧刻画有国王打击敌人的场景（见图9-24），国王站立于埃及边界以保卫疆域。墙外还建有滴水兽（gargoyle），也是准备随时抵御外敌的象征（见图9-25）。

　　从保存情况来看，埃及重要的神庙多位于上埃及地区。在尼罗河三角洲地区，由于复杂的地理环境，罕有完好的神庙保存下来。多数

图9-22　卡尔纳克神庙多柱大厅北侧外墙

图9-23　卡尔纳克神庙多柱大厅北侧内墙

图9-24　埃德福神庙外墙

图 9 – 25　滴水兽

神庙遗存是新王国或者更晚时期的。新王国神庙保存状况最好的地区是底比斯和阿拜多斯，这两个地区也有相对较长历史的宗教祭祀传统。希腊罗马时期的神庙保存状况最好的地方在埃德福和菲莱或更南边。阿拜多斯是祭祀荷鲁斯神的中心，几乎是在古代埃及历史上的各个时期，国王都在此建立神庙和墓葬。例如塞提一世通过营建葬祭庙来祭拜王室先祖（见图 9 – 26）。葬祭庙内部保存十分完好，规模巨大，其中一面墙上刻画了塞提一世和他的儿子拉美西斯二世祭祀王名表的场景，国王的名字都以王名圈的形式进行刻画（见图 9 – 27）。

图 9 - 26 塞提一世葬祭庙

图 9 - 27 塞提一世和他的儿子拉美西斯二世祭祀王名表的场景

底比斯的卡尔纳克神庙（见图 9 - 28）是古代世界规模最大的神庙建筑群，其中包括阿蒙神以及他的妻子穆特神（Mut）和儿子孔苏神（Khensu）等诸神，建造时期从中王国时期一直持续到托勒密时期，但中王国时期的神庙遗址大部分已不复存在。同时，在埃及之外也建造有神庙，例如在拉美西斯二世努比亚地区建造的阿布·辛拜勒神庙（Abu Simbel）（见图 9 - 29）。在 20 世纪 60 年代由于阿斯旺大坝的修建，为了防止神庙被湖水淹没，阿布·辛拜勒神庙被搬移至海拔较高的地方。

图 9 - 28　卡尔纳克神庙

图 9 – 29　阿布·辛拜勒神庙

三　祭仪与祭司

图 9 – 30　位于埃德福的荷鲁斯神神龛

在神庙内部，通常会举行日常宗教仪式。神灵雕像被放置在神庙最神圣之处（神殿）的神龛之内（见图 9 – 30），只有祭司才有权力将神龛打开，举行宗教仪式。在清晨之时，神龛的门会被打开，祭司吟诵赞美诗，将神灵唤醒；同样，在正午和晚间时刻，祭司也会吟诵赞美诗。接下来，祭司会清理神灵雕像，为其涂油、着新衣、供奉祭品。如图 9 – 31 所示，塞提一世为普塔神雕像涂油，进行朝拜。从雕刻中也可看出，只有国王才能够与神灵雕像有直接的肢体接触。祭司以面向神灵的方式退出神殿，并清扫神殿，抹去国王进入神殿和瞻仰神像时在神像周围留下的所有痕迹，最后锁上神龛的门。在图9-32中，展现的是作为最高祭司的国王在仪式的最后阶段清扫神殿。但在实际操作中，一般由大祭司代替国王完成仪式。

在神庙之中，不仅有日常宗教仪式，也有特殊的宗教祭祀活动，例如赋予世界新生的特殊仪式，图9-33的纸草便记载了这种情况："它是非常神秘的，不能被知晓，不能被观察。只有日环才能窥探神秘。"

图9-31 塞提一世为普塔神雕像涂油

图 9 – 32　作为最高祭司的国王在仪式的最后阶段清扫神龛

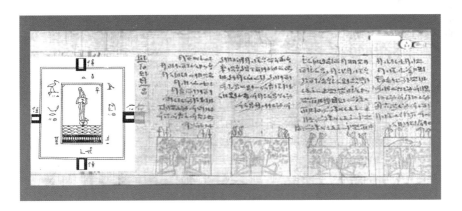

图 9 – 33　记录着赋予世界新生的特殊仪式的纸草

埃及宗教在不同时期也是不断变化的，例如在罗马人统治时期及其之后出现了基督教和伊斯兰教，也正是这些变化造就了如今生活在埃及的人们与历史并无强烈的沟通感。但是，如今的人们还是会沿用古代的宗教建筑，因为人们还是将这些神庙视为神圣之地，例如罗马时期的军事营地被建造在神庙之内，之后基督教时期的人们在神庙内绘制壁画，如今的穆斯林也在神庙之内建造清真寺。古代埃及宗教还庆祝许多节日，其中一个节日便是将卢克索神庙中的神圣家族阿蒙、穆特和孔苏的雕像以及圣船搬出来游行，示于众人。如今类似的节日传统也被保留下来。

我们之前提到了国王掌管神庙宗教祭祀活动，但祭司阶层是整个社会的重要组成部分。根据不同的职位，祭司也被划分为不同等级。职位最高的是第一祭司，即最高祭司，他们往往掌管最主要的祭祀活动。祭司职位基本上都被男性占据。祭司进行祭祀活动之前需受洗礼；祭祀时，需着麻布，不可着兽皮或羊毛（见图 9－34）。但也存在一定例外，例如塞姆祭司（Sem priest）在丧葬仪式中负责"开口仪式"，他们可以穿着豹皮，当然它们是人工复制品（见图 9－35）。在埃及历史晚期阶段，祭司职位逐渐具有家族继承性，职位只传给家族成员，例如父亲会将最高祭司职位传给自己的儿子。

在埃及，除了官方宗教，还有私人宗教，但我们在新王国时期之前的历史记载中查不到有关私人宗教的记录，原因可能是国王和祭司决定了可展示的宗教类型。在公元前 1500 年之后，私人宗教逐渐被允许展示出来，而且神与人之间的距离逐渐减小。在埃及历史早期，只有祭司才能够成为沟通神灵与人类的媒介，到埃及历史后期人们也可以与神灵沟通。这期间还发展出了"圣人"或者"神圣动物"，作

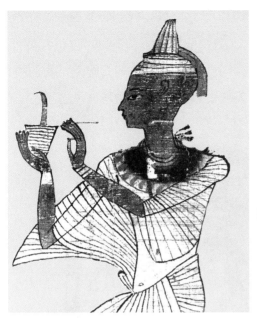

图 9 - 34 穿着麻布的祭司

图 9 - 35 穿着人工豹皮的塞姆祭司

为媒介，用来沟通神灵与人类。除此之外，我们还能看到，在新王国时期之后，女性也被描绘在了宗教祭祀的场景中。同时，人类可以与神灵同时出现在同一个场景当中。在图 9 - 36 的石碑上，我们可以看到，耳朵代表神灵在倾听人们的祷告。但人类与神灵之间还是存在

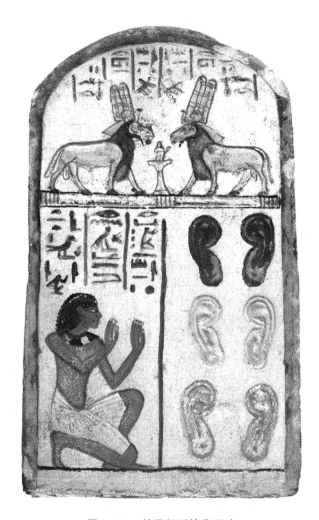

图 9 - 36　神灵倾听祷告石碑

一定距离的——例如摆放在他们之间的祭祀台便将神灵与人类分离开来，或者神灵与人类之间用一条线隔离开来。另外一个关于神灵与人类沟通的例子是在艾斯尤特（Asyut）出土的石碑，主要讲述了一个名叫普塔维瑞特（Pataweret）的人被鳄鱼追赶、被豺狼神乌普瓦维特（Wepwawet）营救的故事。神灵与人的形象同时被刻画在这个石碑上（见图9–37）。在新王国时期，圣人甚至可以像国王一样营建属于自己的葬祭庙，例如哈普（Hapu）之子阿蒙诺菲斯（Amenophis）的葬祭庙建于底比斯地区，供当地居民前来祭祀。

图9–37　艾斯尤特出土的石碑

在埃及宗教祭祀中，还有一个重要的方面，那就是动物祭祀。埃及神灵的形象往往是由动物代替的，因此我们可以将动物理解为沟通神灵与人类的媒介。同时，我们也可以看到，大量的动物木乃伊被集中埋葬，动物木乃伊常常被用作占卜和还愿祭品。

四　昙花一现的一神教

纵观埃及宗教历史，不得不提的是阿玛尔纳时期的一神教，其主要倡导者是国王埃赫那吞（Akhenaten）及其妻子奈菲尔提提（Nefertiti）。埃赫那吞从其统治的第三年开始在底比斯推行新教；在埃赫那吞统治的第四年，太阳神阿吞（Aten）成为众神之首；在其统治的第五年，埃赫那吞彻底抛弃传统，建立起一神教，在中埃及地区建立了新的首都埃赫塔吞（Akhetaten），即"阿吞的地平线"，并建造了新的神庙与宫殿。近几年，学者巴里·凯姆普（Barry Kemp）发现了一处阿玛尔纳时期的工匠埋葬遗址。根据对工匠骨骼遗存的研究，可以看出，这些工匠生前营养不良并进行重体力劳动。尽管新的神圣区被称作"阿吞的地平线"，但在这一区域并非每一处土地上的人们都能够得到太阳神的庇护，特别是处于社会底层的居民。在城市周边，还建造了城市界碑以划分区域。

阿吞神的形象往往被刻画为带有太阳光线的日盘，不同于以往埃及神灵的形象，图9-38中埃赫那吞及其妻子奈菲尔提提双手触及太阳光线，表示得到阿吞神的庇佑。埃赫那吞希望利用此名称来表现太阳神之下众物皆可被照亮，太阳神也是真实可见的，世界是一个科学的存在。例如阿玛尔纳时期宫殿北部的饲养禽类房间与官员的生活区域同时建在宫殿之内，在这里，我们可以看到阿吞神之下万物皆平等的观念。新宗教的建立对艺术和建筑的影响也是多方面的，例如图9-39刻画的是仆人打扫卫生场景，这在过去的艺术形式中是不可能存在的。与传统神庙不同的是，阿玛尔纳时期的神庙是敞开式的，没有屋顶，并建造有大量祭祀台，太阳光可以充分照射神庙内部并接受祭祀（见图9-40）。

图9-38　埃赫那吞和其妻子奈菲尔提提获得阿吞神庇佑

图 9 - 39　阿玛尔纳时期雕刻艺术，仆人打扫卫生的场景

图 9 - 40　埃赫塔吞神庙复原图

一神教在埃赫那吞宗教改革 20 年后失败，继而，埃及重归传统宗教。一神教的观点深刻影响了之后的基督教、犹太教以及伊斯兰教。现代西方学者对埃赫那吞的评价存在一定争议：有的学者认为一

神教对于宗教发展起到了积极推动作用；也有的学者认为一神教是错误的，阻碍了宗教的发展。

五 总结

在传统定义中，宗教包含统一信仰、宗教仪式、神圣感知、宗教观念、神职人员等方面，但在现实社会中一统化的信仰系统是否真实存在？埃及宗教在多大程度上确保了埃及的文化认同和持续？关于古代埃及的宗教，我们应当结合历史和地理的复杂性，根据不同历史时期以及地域分布进行讨论，同时需要关照不同社会阶层的信仰系统与宗教行为。

（整理者：贺娅辉）

第　十　讲

古埃及人的生死观与葬俗

古埃及文明以"重视死亡"而闻名，遗留下来的文字和物质证据体现了这点，尽管这未必完全是真实情况的反映。埃及墓葬位于受保护的沙漠内部，而非在尼罗河河谷和尼罗河三角洲地区的居住区，因此可以防止被破坏。古埃及人的死亡率很高，人均寿命很短，这也造就了埃及人在处理死亡方面的需求。首先，本场讲座讨论埃及墓葬的物质文化，从王室墓葬（包括金字塔）和私人墓葬到整个社会的简单墓葬。其次，本场讲座探讨埃及精英阶层的文本的重要性和发展过程。这些文本在来世指导去世之人，包括古王国时期的金字塔铭文和新王国时期的《亡灵书》。最后，本场讲座还特别关注埃及魔法（以及护身符）的概念和功能，这些概念和功能在过去常被学者忽略，如今作为一个精心设计的概念重新受到学术界关注。

众所周知，古埃及人有着独特的死亡观和丧葬文化，无论是雄伟的胡夫金字塔，还是震惊 20 世纪世人的图坦卡蒙墓，大量古埃及墓葬为我们展现了古埃及人追求永生的强烈愿望。相比之下，古埃及人的生活聚落遗址却鲜有发现，这使我们觉得古埃及人似乎重视来生超过今生。然而，真实情况却并非如此。"古埃及人更加重视死亡"或许只是我们的误解。造成这一误解的原因是古埃及墓葬一般存在于沙漠地区，干燥的环境易于墓葬的保存，而古埃及人的居址多在尼罗河河谷和三角洲地区，与现代居住区基本重合（见图 10 - 1）。随着人类的活动、河水的泛滥和河道的摆动，现在它们大都不复存在了。所以，遗留下来的墓葬数量比居址数量多，丰富的随葬品与破败的居址对比，造成了"古埃及人更加重视死亡"的假象。

图 10-1　吉萨高地俯瞰图，沙漠与居址分开

一　葬俗简介

来世信仰是古埃及文化中最重要的观念之一。在几千年的历史中，古埃及人的丧葬习俗也在不断地发展和变化。来世生活有不同的体现形式，将身体保存完好是享有来世生活的基本条件，因此古埃及人为逝者精心制作木乃伊。木乃伊被放置在棺椁中，周围刻画着通向来世的符咒，使死者享用由家人供奉的供品。若尸体保存不下来，雕像和壁画上的形象也可以当作逝者身体的替代品，作为来世的承载。需要注意的是，我们关于古埃及人来世生活的知识大都源自精英阶层的丧葬遗存。从某种程度上讲，来世生活的葬俗是一种奢侈品，普通人无法负担，只有国王和精英阶层才能支付的起。例如图 10-2 这具木棺，它看上去很普通，没有过多的装饰，只有一行铭文和棺上的阿

努比斯像。它的主人可能是一位处在埃及社会中层的人士，仅制作棺材需要的木料也许就要花费他几年的积蓄。除此之外，还要请人刻写铭文，制作雕像，这些都是不小的开销。由此可见，对于更下层的埃及民众来说，他们很难负担得起奢侈的丧葬。

图 10-2 木棺

学者们对古埃及丧葬的了解，主要来源于以下几个方面：从前王朝时期便开始建造的墓葬建筑、始于第 3 王朝的墓葬壁画、从第 5 王朝开始出现的描述来世生活的宗教文本，还有墓中的随葬品。除去建筑、图像、文字和物品以外，死者遗骸本身也为研究提供了大量信息。我们大致将来世生活分为"王室"（royal）和"私人"（private）两类，但在某些情况下很难对两者进行区分，比如拥有权势的上层官员的墓葬几乎与王室墓葬相差无几。讲座后面部分对此进行详细描述。

二 王室墓葬与葬俗

王室墓葬的类型大致可划分为如下几种：

第0—第2王朝时期的房间式墓葬和地道式坟墓。该类型坟墓在公元前3000年之前就已经存在了，基本结构是墓室位于地下、地上配有泥砖建造的建筑物（见图10-3）；

第3—第17王朝时期以金字塔为代表的墓葬形式。从公元前2600年至新王国时期之前，金字塔成为埃及主要的王室墓葬形式，最经典的就是位于吉萨高地的金字塔群（见图10-4和图10-5）；

新王国第18—第20王朝时期的岩窟墓，主要集中在底比斯地区。墓葬在山体内开凿，高耸的山峰犹如金字塔一样，表明此时的墓葬依然受到之前观念的影响（见图10-6）；

第21—第30王朝，埃及渐渐衰落，坟墓被放置在神庙内部，被称作"神庙里的坟墓"。

图10-3 第1、第2王朝的墓葬（房间式墓葬）遗存

图 10 - 4　第 3、第 4 王朝的墓葬（金字塔）遗存

图 10 - 5　第 5、第 6 王朝的墓葬（金字塔）遗存

图 10 - 6　新王国时期王室的主要墓葬区（帝王谷）

关于国王和王室成员们的来世生活，最直接的证据来自于他们的坟墓。关于早期几个王朝的来世生活，学者们只能间接地通过墓葬建筑和形制来做研究。从第5王朝开始，金字塔内部石棺的上方开始出现铭文。这些"金字塔铭文"的出现，透露出了古埃及人来世生活的信息：通往来世的过程似乎是十分艰难的，因此"金字塔铭文"像咒语一般蕴含法力，保护死者在来世到达永生的彼岸。另外，金字塔内一些残缺的象形文字似有意为之，这种现象引起了学者们的讨论（见图10-7）。一种观点认为，负箭的危险动物，如毒蛇、鳄鱼是被射伤的，象征法老在通往永生的道路上免受伤害；也有学者认为，残缺的鸟或人的身体可能代表这些部分被逝去的国王当作祭品和食物吃掉。

图10-7　残缺的象形文字

　　关于国王的永生，古埃及人并没有唯一的观念，而是有许多不同的描述。一种说法是国王在金字塔铭文的法力庇佑下，从死亡的沉睡中被唤醒，成为"奥西里斯"（来世之神），升至天国成为天神。这在金字塔铭文里有详细的描述，包括国王怎样被唤醒、他的身体怎样通过净化和魔法仪式得以保全。另一种说法是国王成为"奥西里斯"后，需要经过众神的裁定，在符合要求后才能成为天神。关于国王在往生世界以何种形象出现，文献也有不同的描述：一种说法是国王变成太阳从天空穿过，分别在每天傍晚和黎明时分被天空女神努特吞下和生出；另外一种说法是国王死后变成夜空中的猎户座中的星星。猎户座腰带被古埃及人视作奥西里斯，也就是国王，而天狼星对应的则是奥西里斯的妻子——女神伊西斯（见图 10-8）；北极星被认为从未沉没至地平线以下，所以它也被视作去世的国王。这也从侧面反映出古王国时期埃及人的天文学知识已经非常丰富。古埃及人通过对天象的仔细观察，对某些星座的特征了如指掌。

图 10-8 夜空中的猎户座腰带被视作奥西里斯，天狼星被视作伊西斯

如前文提到的那样，公元前 3000 年左右，第 1 王朝的国王墓葬的墓室位于地下，地上建筑如今已不复存在（见图 10-9）。国王的坟墓周围还有许多附属墓葬，用于埋葬仆人（见图 10-10）。到了第 2 王朝，坟墓内的随葬品中增加了船只，这可能与"太阳舟"（solar boat）的概念相关（见图 10-11 和图 10-12）。国王可以乘坐太阳舟在天空中遨游，俯视和统治整个埃及。

接下来出现的是金字塔形制的王室墓葬。金字塔建筑的出现和完善是一个不断演变的过程。在公元前 2700 年前后，第 3 王朝的左塞

图 10-9　国王登的坟墓（第 1 王朝）

图 10-10　埋葬仆人的附属埋葬间

图 10 – 11 第 2 王朝坟墓内的
"太阳舟"

图 10 – 12 胡夫法老的太阳舟

王在萨卡拉地区建造了一座"阶梯金字塔"（见图 10 – 13）。这座金字塔建在一个南北长 545 米、东西宽 278 米的陵区内。金字塔的地下结构极为复杂，墓室和走廊纵横交错，还有数不清的竖井，仿佛一座永恒的地下宫殿（见图 10 – 14）。目前，学者们对阶梯金字塔地下结构的功能知之甚少。施耐德教授认为，左塞王似乎是想寻找地下水，因为一些墓室浮雕描绘着植被，地下水代表的"原始瀛水"可以浇灌它们。在达赫舒尔地区，还矗立着一座金字塔，因为斜面坡度从 55°变为 44°而被命名为"弯曲金字塔"，它也是金字塔范式发展中的一个重要阶段（见图 10 – 15）。金字塔的标准样式形成于第 4 王朝，其代表为吉萨地区的胡夫金字塔。胡夫金字塔内部除去墓室以外，其他内部结构依然不太清楚（见图 10 – 16）。哈夫拉金字塔外部配有一座葬祭庙，用于举办祭祀活动，葬祭庙外一条甬道通向河岸港口的河谷庙，周围还有为王后及其他王室成员建造的小金字塔（见图 10 – 17）。这时的国王墓葬

图 10 – 13　萨卡拉地区的"阶梯金字塔"

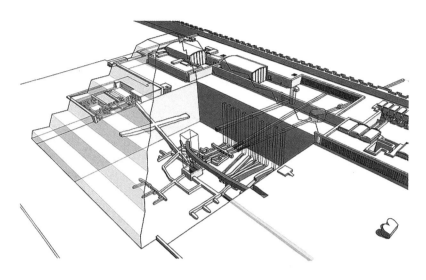

图 10-14 "阶梯金字塔"复杂的地下结构

图 10-15 "弯曲金字塔"

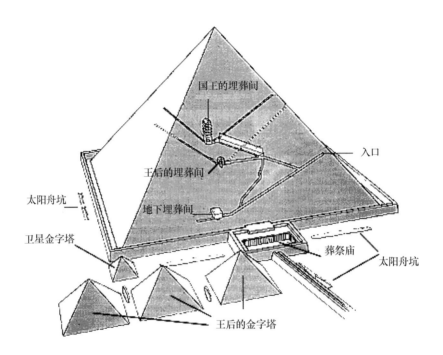

国王的埋葬间

入口

王后的埋葬间

太阳舟坑

地下埋葬间

卫星金字塔

葬祭庙

太阳舟坑

王后的金字塔

图 10 - 16　胡夫金字塔的已知内部结构图

图 10 - 17　哈夫拉金字塔

依然有"太阳舟"作为陪葬,著名的胡夫太阳舟已经复原并陈列在博物馆内(再见图 10 - 12)。这是一艘胡夫法老生前就使用过的太阳舟,国王逝世后作为陪葬品,充当法老遨游天际的工具。

第 5 王朝时期的统治者在宗教和葬俗上有两个创造:"金字塔铭文"和"太阳神庙"。此时金字塔墓室内部布满了铭文,国王石棺上方描绘有星空,象征着国王通过"金字塔铭文"赋予的力量,升至天空(见图 10 - 18)。国王生前的身份为荷鲁斯神在人间的代表,而逝

图 10 - 18 墓室内的"金字塔铭文"

世后则变成天上的太阳神。所以，祭拜国王的"太阳神庙"也就应运而生了（见图10－19）。国王去世以后，他的继承者负责为其建造一座新的"太阳神庙"，用于祭奠。"太阳神庙"建筑内部有非常丰富的装饰，其上部是新王国时期方尖碑的雏形。到了中王国时期，国王的墓葬依然以金字塔的形式存在，但这时的金字塔采用泥砖建造，不再用石制材料，所以很难像古王国时期的金字塔一样保存完好（见图10－20）。另外，此时墓室内部有关丧葬的信息或被当地人盗掘，或被毁坏，无一幸免。

新王国时期是丧葬观念和丧葬建筑的转变期。法老从之前乐于建造壮观的、华气外露的陵墓转变为此时隐秘的、在山体内部开凿的地下墓葬。因为底比斯尼罗河西岸具有得天独厚的山脉地形，或者出于安全的考虑，新王国时期的国王墓葬大部分选择在此地的峭壁内开凿，这样的墓地就是我们常说的"帝王谷"和"王后谷"。受新丧葬观念的影响，法老的墓室开凿一直向地下深处延伸。例如，在第19王朝塞提一世法老的墓中，最近考古学家在石棺大厅的下方发现一条通向地下的墓道。该墓道长达120米，法老似乎想通过这一通道进入地下世界（见图10－21）。在新王国早期的墓室内，墓道曲折深邃，并由门隔成若干隔断（见图10－22和图10－23）；较晚期的墓道则变得平缓很多（见图10－24）。阿玛尔纳时期以后，受太阳神信仰的影响，墓道平坦，几乎没有坡度（见图10－25）。这时的人们认为阳光进入墓室后可以使石棺内的国王复活。

新王国时期的王室墓葬中保存了许多新的丧葬文献，其中著名的文献有《关于来世的书》《大门之书》《洞穴之书》，这些被埃及学家统称为《阴间书》（*Books of the Underworld*）。《阴间书》对地下世界有着详细的描绘和丰富的幻想，记录了太阳神在地下12个小时的

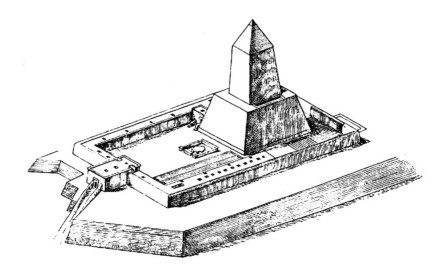

图 10 - 19　太阳神庙复原图

图 10 - 20　塞索斯特里斯二世在拉宏的金字塔用泥砖建造

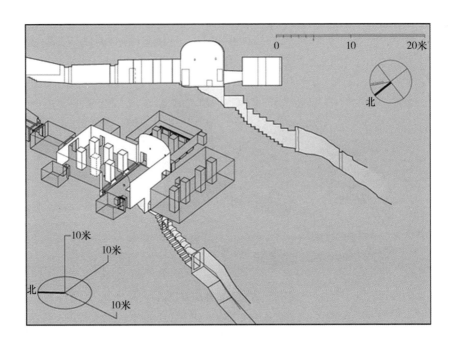

图 10 - 21 塞提一世墓的石棺大厅和最新发现的下行走廊

图 10 - 22 新王国早期墓葬的内部

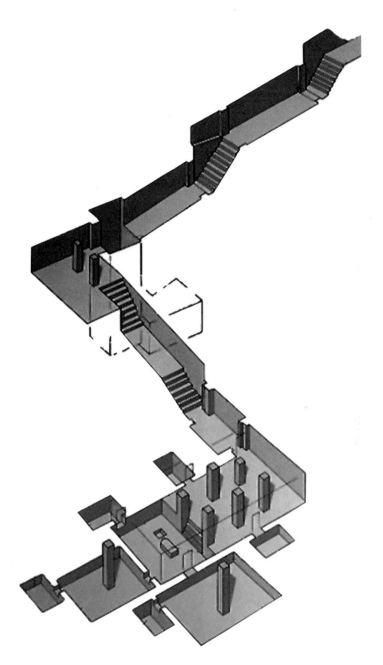

图 10 - 23 新王国早期的墓葬结构

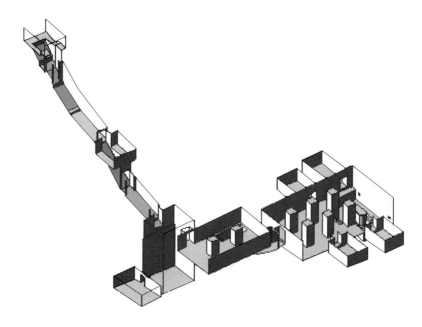

图 10 - 24　新王国较晚期的墓葬结构

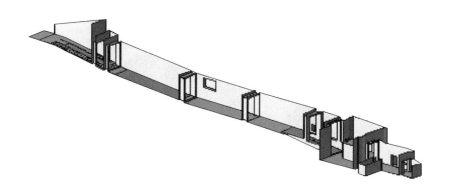

图 10 - 25　阿玛尔纳时期之后的墓葬结构

旅程（见图10-26）。古代埃及人认为日落之后，太阳神会乘船进入地下世界；在旅程中，太阳神把代表邪恶的阿波菲斯大蛇制服；旅程结束后，太阳神重新恢复活力，从地面再次升起。太阳神每天都要经历一次地下的旅程，正义战胜邪恶的战斗日复一日。逝去的国王会跟随太阳神一起进入地下，每一个小时经历的情况都被埃及人生动地描绘下来，刻画在墓壁之上（见图10-27）。最后，国王与太阳神一起完成12小时的旅程，太阳神的复苏也象征着国王的重生。在塞提一世墓（公元前1290年）中发现的向下延伸的通道，应该和"地下的

图10-26 用《阴间书》装饰的王室墓葬

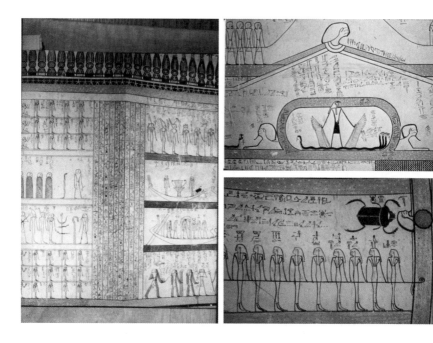

图 10 - 27　关于"地下旅程"的描绘

旅程"观念有关。塞提一世的石棺周围布满了铭文咒语,他在这些重生知识的指引下,进入竖井,走入地下,与太阳神一起经历地下的旅程(见图 10 - 28 和图 10 - 29)。另外,英国考古学家霍华德·卡特于 1922 年发现的图坦卡蒙墓也十分重要。这座墓葬很特殊,因为它是至今唯一一座未被盗掘的国王墓葬,墓中大大小小 6000 多件文物(包括随葬品的种类、等级、摆放位置)为我们全面地展示了这一时期的葬俗情况,也为我们展示了国王在来世生活的必备物品(见图 10 - 30)。

公元前 11—前 10 世纪,塔尼斯(Tanis)的国王坟墓为我们展示了古代埃及王室葬俗变化的最后一个阶段。这一时期的国王自称为"神的仆人",王室的墓葬建在神庙区内,呈石砌小房间样式(见图 10 - 31 和图 10 - 32)。坟墓内的装饰沿用新王国时期的风格,但将国王和私人的场景融合到了一起。这种转变的原因与当时王权观念紧密相关。古埃及国王与神的关系存在这样一种演变过程：在古王国时期，法老被认为死后可以升天变为神明，所以建有金字塔；至新王国时期，法老与神渐渐拉开距离；直至后埃及时期，法老被视作"神的仆人"，阿蒙神才是埃及真正的国王，所以国王死后将陵墓建在神庙内部，以求得阿蒙神的保护（见图 10－33）。

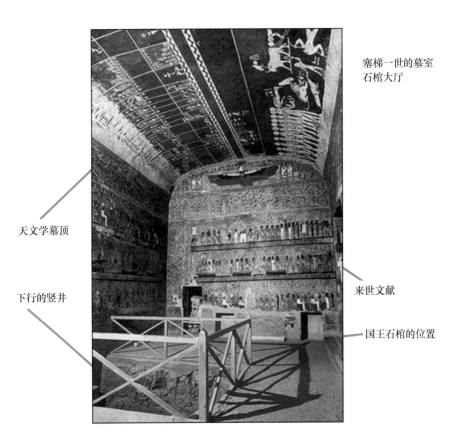

塞梯一世的墓室石棺大厅

天文学墓顶

来世文献

下行的竖井

国王石棺的位置

图 10－28 塞提一世墓的石棺大厅内部

图 10 - 29　塞提一世石棺大厅竖井内部

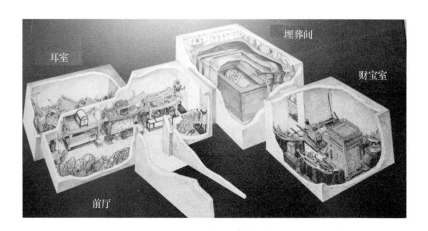

图 10 - 30　图坦卡蒙墓葬复原图

图 10 - 31 小房间式坟墓

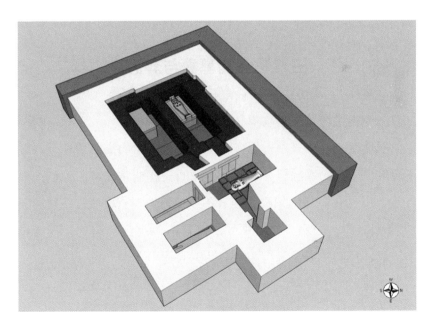

图 10 - 32 塔尼斯的墓葬结构图

图 10 – 33　在塔尼斯发现的黄金面具

三　私人的墓葬与葬俗

以上为古代埃及王室墓葬和葬俗的演变。

由于埃及的下层普通人不能承担制作木乃伊的高昂费用，大多也买不起价格不菲的木制棺椁，所以平民的丧葬非常简单。他们一般选择芦苇（Reed）制作的棺材，死者不经任何处理直接放进棺材里下葬（见图 10 – 34）。一般来说，平民的墓葬内没有任何装饰；因为没有文字记录，我们并不知道他们的来世生活是什么样子的。

在中埃及地区发现的一座墓室很好地展示了古埃及社会中上层普通民众的丧葬情况：逝者拥有一间狭小的墓室，墓室内部放有一副木棺，上面装饰着简单的铭文。木棺里面的死者被制作成木乃伊，头部朝东方，代表迎接东方的日出（见图 10 – 35）。他还拥有一些简单的

图 10 - 34　芦苇棺里的简单丧葬

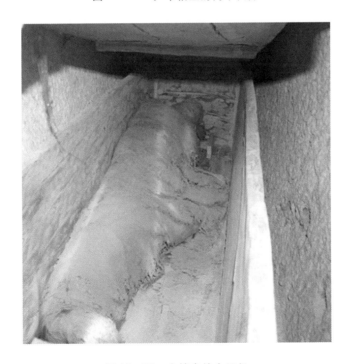

图 10 - 35　木棺内的木乃伊

陪葬品。木制的模型描绘的是其仆人正在制作啤酒和面包等必需品。拖鞋象征着死者在来世依然有行动力。木棺旁摆放着一尊木制雕像，它是逝者的替身，若逝者身体腐烂，木制替身可以代替他接受供奉（见图 10 − 36）。

图 10 − 36　古埃及社会中上层平民的墓室

中王国时期的另外一个阶层是省长级的高级官员，他们拥有几乎与国王相当的财富。虽然他们不是王室成员，但他们的墓葬规模非常大，并且装饰精美（见图 10 − 37）。古王国时期只能用于王室的"金字塔铭文"，在国家分裂后，被地方统治者据为己有。他们使用前朝的王室丧葬文本，以显示自己的地位。后经演变，这些丧葬文本在中王国时期被高级官员使用，学术界称其为"棺文"（见图 10 − 38）。"棺文"的内容不易获得，若想让逝者获得永生，需专门邀请德高望重的祭司传授，再雇佣工匠将文本刻在棺椁和墓室之内。所以，拥有"棺文"不仅是拥有物质财富的象征，也是掌握知识财富的体现。

图 10 - 37 省长级官员的墓葬

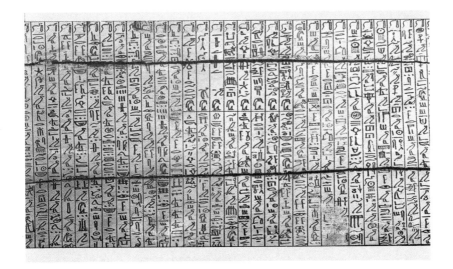

图 10 - 38 中王国时期的"棺文"

省长级墓葬的墓室内部壁画向我们展示了丰富的内涵。省长被描绘成一位皮肤呈棕褐色的男子,他端坐在假门上方,在最高处向下俯视,好像在监察和管理自己所管辖的区域(见图10-39)。壁画内容丰富,描绘有劳动场景、狩猎场景、自然界的动物和植物等,基本上重构了逝者眼中的理想世界。另外,一些场景也暗示省长对王室特权的觊觎和对权利的追逐。例如狩猎场景的主角一般来说是国王,通过猎杀河马、鳄鱼等危险动物来表现王权"对抗邪恶势力"的特征。但在这座墓中,省长变成了狩猎者,似乎是想表现他与国王拥有同样的力量。

图10-39 省长级墓葬内部的装饰

新王国时期的私人墓葬主要集中在底比斯地区。在北方的萨卡拉地区,考古学家也发现了一些新王国时期的私人墓葬。底比斯戴尔—麦地那工匠村居住着专门为国王修建陵墓的工匠,他们的墓葬具有典型的新王国时期的风格。墓室内部的壁画描绘着阿努比斯神照料逝者木乃伊的

场面、逝者向神灵献祭的场面、送葬队伍的场面等等。另外，公元前
1270 年，工匠森内杰姆墓室的壁画描绘着森内杰姆夫妇在灯心草中间辛
勤劳作的场景（见图 10 – 40 和图 10 – 41）。"灯心草之地"代表死后世
界，逝者在此劳动代表其死后依然具有行动能力。一般来说，古埃及社
会中上层人士不会让自己承担繁重的体力劳动，去世后会陪葬许多陶俑，
陶俑代替逝者在来世工作。所以，这幅壁画上逝者夫妇亲自劳动的场景
显得尤为特殊。若逝者比较富有，在他去世前就会拿出一部分田产，当
作报酬，送给他的亲人或者一位祭司。拿到报酬的人要在逝者去世后举
办丧葬仪式，维护日常的纪念活动，如诵经祈祷、日常献祭等。

　　壁画内容除了有关丧葬的场面外，还有描绘职业的场面。例如，在
维西尔莱克米尔（Rekhmire）的墓葬中（见图 10 – 42），梯形的墓道内
保存着大量的铭文和壁画。壁画一端的维西尔站在最高处，俯视下方的
民众，一些民众正在进行贸易；还有来自国外的进贡场景（见图 10 –
43）。有的学者认为，这一系列场景起到了自传的作用，展示了逝者的
生平；也有的学者认为，这些场景是逝者的愿望，他希望来世继续管理
该区域的民众。另外，墓室内还有关于仪式场景的描绘。在莱克米尔的
墓室内保存着关于"开口仪式"的完整记录，该仪式由专门的祭司负
责，是木乃伊制作的最后一个步骤，也是象征重生的仪式。由于该仪
式花费昂贵，所以它出现在墓室中也是墓主人权贵身份的体现。

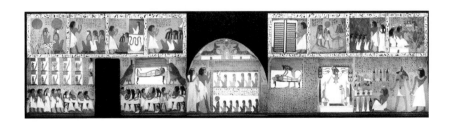

图 10 – 40　戴尔—麦地那的工匠森内杰姆的墓葬，约公元前 1270 年

图 10 - 41   森内杰姆夫妇在灯心草中间辛勤劳作

图 10 - 42   维西尔莱克米尔的墓葬（公元前 1350 年）

图 10 - 43　壁画描绘的场景

古埃及的《亡灵书》大约盛行于公元前 1550 年至公元前 50 年，其埃及语的本意为"日行书"，象征逝者在咒语的帮助下重回人间，与生者的世界互动（见图 10 - 44）。《亡灵书》与《阴间书》不同，它是一本非王室成员使用的咒语集。目前，已知的记录着《亡灵书》的纸草约有 200 篇，每篇的咒语组成不尽相同，咒语长短不一。它像一本百科全书或者使用手册一样，给死者以指引，帮助他获得重生。它既包括了古老的金字塔铭文和棺文上的咒语，也有新王国时期才出现的咒语，其主要目的是为逝者提供食物和守护。由于《亡灵书》的使用年代跨度大，普及度高，所以古埃及妇女去世后，也有使用《亡灵书》的情况。以下为《亡灵书》内容节选：

> 确保奥西里斯永生；给予心力耗竭的他以呼吸；当他以各种形态出现（在来世）的时候，在托特神的帮助下，使其避开奥西里斯的敌人。在死者的王国给他以保护、帮助和支持。托特神亲自写（书），以便太阳光能够日复一日地照耀着他（死者）。

图 10 - 44　保存在木盒内的《亡灵书》

《亡灵书》的主要思想是对逝者的审判。代表逝者"良心、道德"的心脏会被放在秤的一端，进行检测，秤的另一端放置的是代表"公平、正义、真理"的玛阿特羽毛。冥界之王主持仪式，智慧之神托特负责记录（见图 10 - 45）。若良心不符合玛阿特的要求，就会被一旁的怪兽吃掉，死者便失去了复活的权利。若心脏比羽毛轻，表明它符合玛阿特的要求，则会被一旁的荷鲁斯神引领到奥西里斯神面前，进行宣判，实现永生。

《亡灵书》咒语的功能可以大致归纳为这几类：将死者与神等同的咒语；死者战胜敌人的咒语；保证死者呼吸和饮食的咒语；保证死者不被分尸的咒语；为死者提供来世知识的咒语；使死者不被人遗忘的咒语；使死者能够转变为隼鹰、神、莲花的咒语；确保死者自由活动的咒语；通过护身符为死者提供再生和保护的咒语；为逝者服务的"夏博悌咒语"（见图 10 - 46），等等（见图 10 - 47）。

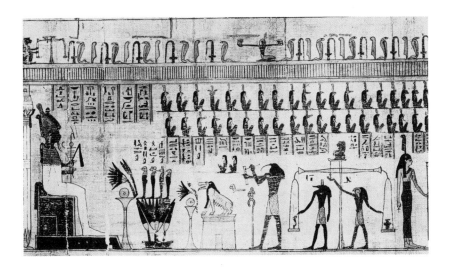

图 10 – 45 《亡灵书》内的审判场景

图 10 – 46 为逝者服务的塑像"夏博悌"

图 10 – 47　关于"地狱"的描绘

四　古埃及的"魔法"

"魔法"（magic）是一个复杂且宽泛的概念。现代人常常对它持有消极的看法，即与"巫术"、"妖术"相关。"魔法"一词原本不是埃及人的说法，古埃及语与之对应的词为 Heka，它是一种关于埃及人世界观的综合概念。Heka 一词在埃及人的观念里非但没有消极的意思，反而对埃及人生活的所有领域都起到了积极的作用。古埃及文献这样定义 Heka："太阳神命令大地神盖伯创造魔法，以便大地上的人们能够用其作为保护措施"。在一些特定的领域，如医疗、战争和司法领域，魔法起到了对该专业的补充作用。若普通的医疗手段对病人无效，古埃及人就会使用护身符或者咒语等。

在一些纸草文献中，魔法神海卡（Heka）占据非常重要的地位，他经常和正义之神玛阿特一起，出现在奥西里斯神或者拉神的身边（见图 10 – 48 和图 10 – 49）。扮演"魔法师"角色的是祭司，他们使用海卡魔法对抗邪恶混乱，维护理想的秩序。在《阴间书》中，魔法被描绘成对抗太阳神之敌阿波菲斯的主要武器。众神使用网向混乱大蛇阿波菲斯投掷魔法力量（见图 10 - 50）。魔法可以帮助埃及人面对大量危险情况，例如疾病、野生动物的伤害、厄运、饥荒等。它还可以像皇历一样预测吉凶，规定某天宜做某事。一些咒语还可以保护家庭或保佑来年丰收。

图 10 - 48 奥西里斯身后的玛阿特神和海卡神

图 10 - 49　玛阿特神和海卡神保护着太阳神哈拉凯悌

图 10 - 50　用网投掷魔法的场景

古埃及魔法的一个重要特征是类推（Analogy）。埃及魔法在危险因素与有序世界的因素之间建立起了一种关系，即互联性。互联性是类推的基础。古埃及魔法有两种类推。一种为人物类推，例如将病人等同于婴儿荷鲁斯。根据神话，婴儿荷鲁斯中了毒，后被伊西斯治愈，并成为"世界之主"（见图10－51）。如果病人等同于荷鲁斯，这就意味着病人毫无疑问地会从疾病中康复。另一种为物件类推，即护身符。古埃及有上千种不同形式的护身符（见图10－52）。护身符被认为充满法力，用来保护活人或者逝者，可以使佩戴者保持活力。

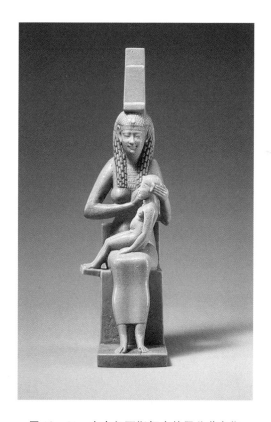

图 10 – 51 坐在伊西斯怀中的婴儿荷鲁斯

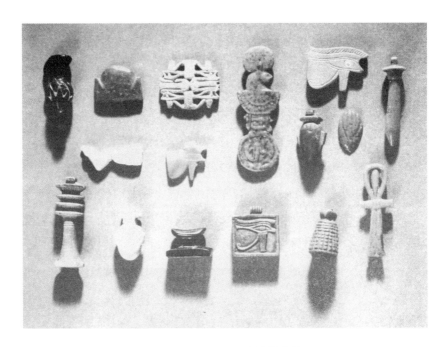

图 10-52　不同形式的护身符

（整理者：高伟）

第 十 一 讲

古埃及的社会与身份认同

一　身份认同

　　古埃及人的身份认同主要由个人身份、集体身份以及多重身份认同构成。多重身份认同比较庞杂，例如身份认同中的自然关系就包括家庭、性别和年龄等在人的一生中不会改变的因素，非自然关系包括文化、宗教、区域和职业等可变化的因素。身份认同还涉及古埃及人在社会中所处的阶级和地位，甚至包括个人和集体文化自我认知即族群的划分等。古埃及官方一般仅展示出埃及人获得的地位，却没有展示出身份认同的过程。如图 11 - 1 所示，古埃及的一些石雕像所展示的是官方化的人物风格：古埃及的精英阶层往往都剃头带假发，并穿着与之地位相匹配的服饰；人物的年龄都是理想化的年龄，而非真实年龄。

图 11 - 1　古埃及官方化的人物形象

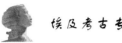

一般来说，古埃及人的区域认同优先于国家附属，"家"通常指的是个人的家乡，而不是国家。一些文献和文献中的一些名称都体现了这点。一则文献写道"我不知道是什么将我和家乡分离。这像是一场梦，就像来自三角洲的男子要去象岛见他自己"。这句话表达了讲话者离开家乡的痛苦。另外，一些省级官员墓葬中的自传性铭文强调官员为自己的家乡或所管辖的省份做了多少贡献。每篇自传开头的名称或官称都很长，一般前三个名称书写的是社会等级。文献中类似的等级名称有："世袭王子""贵族""下埃及国王大臣"等。之后的名称是与死者本人相关的专业名称："唯一的伙伴""读经者""军事统领""高地之主""首席释经者"等。此外，古埃及人的社会地位还必须遵循严格的等级系统和职业认同，民族、政治和社会认同可能更加多变。学者们对此存在不同的观点。这使得古埃及考古和社会重建表现出了不稳定的情况。我们或许可以从王室铭文中辨别出多重民族身份。国家认同通常指的是近代以来形成的民族国家认同，在古埃及并不存在。

二　社会阶层划分

在古埃及大部分时期，社会阶层比较固化，普通人很难晋升至上层社会。在新王国时期，军人阶层的出现是一个特例，他们想改变自己的社会地位，渴望获得更多的权利和资源。在新王国时期，一部分人通过军人这一新职业，成功地晋升至上层社会，甚至可以和王室贵族分庭抗礼。在古代埃及，墓葬所用的石碑或者雕像的数量需要政府批准，但如果我们观察具体的墓葬，便会发现现实情况十分复杂。一些人试图提高自己的墓葬规格。石棺铭文便是一个很好的例子，第一

中间期的省级官员将之前专属王室的丧葬咒语，放在自己的墓葬中加
以使用，以此来提高自己的社会地位。另外，第一中间期的私人墓葬
多有创新，许多随葬品之前从没有出现过，例如木乃伊面具、石碑、
木制模型等。古代埃及中上层人士试图通过物品的创新来提高自己的
社会地位，以区分于其他阶层，这在墓葬壁画上也有反映。比如第2
王朝国王的雕像与荷鲁斯并列站立，荷鲁斯拥抱国王，可能预示国王
与神的平等对话（见图11-2）。这说明在当时国王站立是王权的象
征，表明国王更具行动力，可以做很多重大的决定，同时期其他私人
雕像均为坐姿（见图11-3）。到了第3王朝，在萨卡拉发现的私人
墓葬中，一些私人雕像也出现了站立的情况（见图11-4）。萨卡拉

图11-2　站立的国王与荷鲁斯

图 11 - 3　普通人的坐像　　　　图 11 - 4　第 3 王朝出现的

普通人立像

是古代埃及国土上非常传统的墓葬区域，时间跨度从第 1 王朝持续到基督教时期，时间长度超过 3000 年。因此，在该地区考古发掘可以获得各个时期的墓葬信息。

　　至第 4 王朝，与固定王权意识形态相左的个人表述形式也有所减少，主要表现是墓葬的建筑、绘画、雕像等更加规范化。在第 4 王朝之前，贵族墓葬为马斯塔巴（Mastaba）墓，地上建筑呈长方形，地下为复杂的宫殿，无论是国王还是贵族均尽量将地下宫殿建得复杂且规模宏大。第 4 王朝之后，法老的墓葬改为金字塔，其他王室成员和大臣的墓葬则是马斯塔巴墓，但地下空间变得更小，没有之前复杂的地下宫殿（见图 11 - 5）。一般贵族的小型石室墓的形制也得到了统一。这些变化都可能是为了突出法老的权威，在墓葬形制上进一步规范，以防止贵族篡夺权力或僭越王权。到第 5 王朝和第 6 王朝，埃及出现了完备的官僚机构，为个人身份的认同、展示创造了机会。国王与上层阶级似乎有一种更系统的隶属关系，国王通过赏赐贵重物品以展示上层人士身份的尊贵性，并任命这些人为地方统治者，给予其更多的权力，甚至允许其子孙世袭职位。考古发掘成果显示，一些优秀的省级官员的墓葬铭文会记载国王赏赐石棺，允许其葬在靠近法老金字塔的地方。但是，也有很多省级官员葬在各地。有的学者认为可能是因为这些省级官员犯错而未能获得葬在金字塔附近的权力，也有的学者认为这可能表示国王意在加强对各个地方的控制。

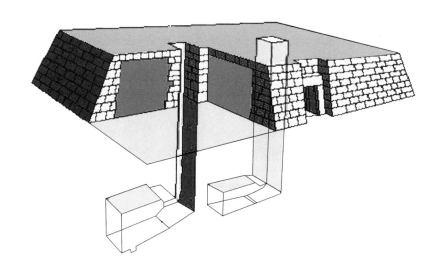

图 11 - 5　马斯塔巴墓"逝者的宫殿"

社会等级也在墓葬壁画中表现出来。古王国时期的壁画更为丰富，没有较多限制。官员的墓葬都是比较小的马斯塔巴墓，内部的装饰比较自由，更加贴近自然，比如绘画中有蝴蝶、鳄鱼之类的自然事物（见图 11 - 6）。中王国时期，私人墓葬绘画中的神的形象受到制约。石碑和浮雕中只有表达神名的铭文，神的形象不能同墓主人的形象放在一起。新王国时期则没有这样的约束，墓主人和神的形象可以同时出现在浮雕中。

图 11-6 富有生活气息的私人墓葬壁画

除了墓葬，居住遗址也在一定程度上反映了社会等级关系。英国著名考古学家皮特里曾发掘了一处中王国时期的遗址，名为卡宏。他在这里发现了森沃斯瑞特二世的泥砖金字塔，该金字塔附近还有一处中王国时期的居址。在这处居住遗址中，西北部的小房间由社会地位比较低的人居住，一般按照居住人的工种或职业分开住，中间一道隔墙将他们与等级较高的人隔开。北面较大的房子为富人居住区。富人区下方分布的房子为中等人群居住的地方。通过聚落居址区的划分，我们可以看出当时的社会等级状况。近年来，这类遗址成为埃及考古十分重视的地方，因为古埃及的居住遗址一直很难发现，过去的考古工作较多地发掘王室墓葬或高等级贵族的墓葬。在沙漠地区的墓葬附近，我们往往可以发现工匠居住的地方。建造贵族墓葬，特别是建造金字塔，往往需要很长时间，故而在金字塔附近会有工匠居住区，也有一些贵族居住在金字塔附近，以便行使其监督管理的职能。这样的居住遗址在戴尔—达巴和阿玛尔纳也有发现。

虽然像卡宏城这样很难得的居住遗址得以保存下来，但中王国时期的社会结构仍然很模糊。目前，考古学家提出三种模型来解释中王国时期的社会结构。第一种是英国埃及学家巴里·凯姆普提出的。他在阿玛尔纳发掘之后，提出了古埃及是规范社会的观点。他认为古埃及社会主要由国王统治，各级精英之间差距很小。第二种观点认为中王国时期的埃及是三层社会：以国王和高级官员为代表构成了精英阶层，在地方担任较小官职的官员构成了中间阶层，附属者、仆人和农民构成了社会底层。这是目前比较流行的观点。第三种观点是由美国密歇根大学的一位教授提出来的。他在发掘中王国时期的墓葬的过程中发现，古埃及是非限定性社会，这个社会的人们可以根据社会地位、经济水平等因素分为很多阶层。他认为，在中央王权统治之外可能存在一个独立拥有自己土地、拥有较大权力的阶层，他们受中央的控制较小。

中王国时期的私人墓葬指的是非王室成员的墓葬，其种类、规格和形制都有所变化，表现出了相当的复杂性。建造墓葬是一件十分复杂的工作，涉及到墓地选址、棺椁所需石材的获取、建筑工匠的组织等因素。这些因素在中王国时期全部由法老掌控，比如，官员是否有权在金字塔附近下葬，必须由法老决定；各个级别的私人墓葬的规格、坟墓壁画或铭文类型，都要以国家的明确规定为依据。因此，通过考察中王国时期各种私人墓葬形制的不同，可以进一步研究埃及社会的等级状况。

中王国时期，修建在尼罗河谷的私人墓葬大体可以分为四种类型：石室墓、岩窟墓、竖穴墓和土坑墓。

等级较高的石室墓沿用前代马斯塔巴墓的形制，它们一般是高级官员的墓葬，靠近金字塔（见图11-7）。

岩窟墓是简单石室墓，基本上是省级官员的墓葬，墓内有庭院和带有两个竖穴的圣所（见图11-8）。该类墓葬大多出现在中埃及。在贝尼哈桑遗址发现的地方官员墓葬中，有一些壁画，描绘的是墓主人喜欢或比较青睐的活动场面。例如，一些墓室壁画描绘的是工人运输墓主人雕像的场景或摔跤的场景（见图11-9）。

中等级别和低等级别官员的墓葬大多为泥砖竖穴墓和土坑墓。竖穴墓的地上部分竖立着石灰石墓碑，墓碑上刻有铭文，地下部分是单人墓室或家庭多人墓室；墓室里面随葬一些简单物品，如小雕像，但没有壁画。土坑墓通常是没有木棺的浅坑，但一些土坑墓里面或许有木棺；这种坟墓没有地面建筑，很少有随葬品。

还有比土坑墓更简单的坟墓，那就是仅存在于地表的土堆墓，这些坟墓可能属于社会地位更低和经济实力更差的普通人。

在当时，即使制作一块墓碑，也需要一笔较大的开销，因为这不仅需要购置合适的石材，还要雇佣专业的工匠来雕刻墓碑。此外，在阿拜多斯，考古学家还发现了大量没有墓葬的墓碑。因为据传说埃及的阴间神奥西里斯埋葬在此地，所以埃及人都希望将墓葬埋葬在这里。然而，很多人距离阿拜多斯太远，无法将自己的尸体埋葬在这里，便将自己的墓碑埋葬在这里。

图 11-7　复原的中王国时期的石室墓

图 11-8　中王国时期的岩窟墓——省级官员的墓葬

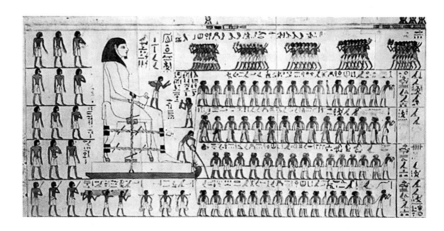

图 11-9　中王国时期省级官员墓葬内的壁画

公元前 1550—前 1075 年，埃及进入新王国时期。戴尔—麦地那（Deir el-Medineh）工匠村的考古发掘为学者们研究当时的社会状况提供了大量信息。工匠村是当时建造尼罗河西岸帝王谷王室墓葬的工匠们居住的地方，这些工匠们拥有一定的技能，比如雕刻、绘画和开凿墓穴，所以其社会地位比普通农民或仆人高一些（见图 11-10）。

将普通工人或一些官员的收入与图坦卡蒙金棺制作所需费用进行比较，我们可以看出古埃及社会成员之间的巨大贫富差异。古埃及没有类似铜币或纸币之类的货币，但有计价单位。古埃及人在进行物物交易的时候，通常先将物品对换为相应数额的铜单位，再与其他物品进行交换。通过转换计算可知，古埃及仆人的月收入仅为 4.5 个铜单位；普通工人和工匠的月工资为 7 个铜单位，7 个铜单位可以买 1.5 袋大麦和 4 袋二粒小麦，其收入仅能维持基本的生活。管理岗位的工人或书吏因为要管理工人或读写一些文件，所以一个月的工资比较高，是 9.5 个铜单位。然而，一块用于制作普通棺材的木头需要 100 个铜单位，这还不包括制作棺材的人工费用，这笔费用对于底层人士

图 11 – 10 戴尔—麦地那的私人墓葬

来说是很昂贵的。中等官员持有印章，拥有一定的管理权，收入要比工人高很多，月收入为 190 个铜单位。官员的级别越高，拥有的权力就越大，相应的收入也会越高，他们一般属于社会的中上层阶级。图坦卡蒙墓的金棺由 110 千克黄金铸造而成（见图 11 – 11），110 千克黄金相当于 242000 个铜单位，相当于普通劳动力 35000 个月的工资或者 3000 年的工作，相当于作为社会中间阶层的政府官员 1275 个月的工资或者 100 年的工作，这还不包括金棺的加工费用。这样的对比关系足以表明古代埃及社会的贫富分化之大。

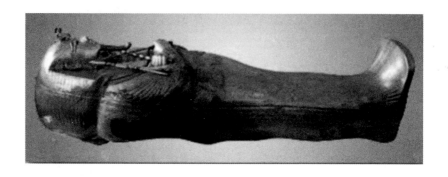

图 11 - 11　图坦卡蒙金棺

三　种族与外来移民

古埃及人对种族没有积极的或消极的判断。在古埃及人看来，种族划分与社会地位无关。著名的种族主义史家伊曼努尔·盖斯（Immanuel Geiss）（1931—2012 年）曾把古埃及称为"驳斥种族主义理论最古老、令人印象最为深刻的事例"。以欧洲或白色人种为中心的研究学派在 1892 年把世界人口划分为五个人种，把埃及人描述为白种人，并认为这是欧洲人得以发展起来的一部分原因，这种观点在 20 世纪的西方仍十分流行，但显然是不正确的（见图 11 - 12）。因为古代埃及人认为自己是棕色皮肤，把自己描绘得比非洲人肤色浅，但比利比亚人和亚洲人肤色深。在古代埃及，国家意识形态的内化与排外不是以种族为基础的（某个种族优于另一种族），而是以文化为基础的。在一些壁画中，经常有国王打击外族的场景，这并非因为外族人低等而遭到埃及人打击，而是因为文化上存在差异。古代埃及人认为，埃及与埃及之外是两个不同的世界，埃及是有序的世界，而埃及之外是混乱不堪的世界。

种族概念在埃及有着不同的政治用途。比如海卡奈菲尔

图 11 – 12　以欧洲为中心的学派划分的所谓的"五色人种"

（Hekanefer）是一位在埃及长大的努比亚王子，并作为努比亚首领臣服于埃及。在埃及，他将自己的种族描述为努比亚人，以表达努比亚臣服于埃及；在努比亚，无论在文化上还是在政治上，他都将自己描绘为埃及人，表明他对埃及文明的崇尚。另一位努比亚王子麦海尔普里（Maiherpri）获得了安葬在帝王谷的特权，并将其种族记录在埃及宗教核心文献《亡灵书》中，此时的种族被认为是一个正面象征（见图 11 – 13）。古埃及一些雕像和绘画也表明其他种族出现在埃及的政治中。在一些国王坟墓中，出现了利比亚国王和王后的雕像。第25 王朝是埃及南部的库什王国在埃及建立的王朝，他们是努比亚人，其肤色是黑色的。公元前 2050 年，重新统一埃及的第 11 王朝国王孟图霍特普二世的雕像也是黑色的（见图 11 – 14）。有的学者认为黑色或许代表尼罗河的泥土，象征着国家的繁荣；也有的学者认为这是模

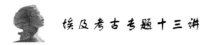

仿埃及阴间神奥西里斯的肤色。然而,从孟图霍特普二世的其他名字来看,他的家族或许来自埃及的南方,其肤色本来就是黑色。而且他还有一位来自努比亚的妻子,其皮肤也是黑色的。此外,在精英官员的随葬品中也有很多外族人的雕像。由此可见,古代埃及人把不同种族的人的发型和肤色展现出来,并没有刻意掩饰的意味,所以古代埃及不存在种族歧视。

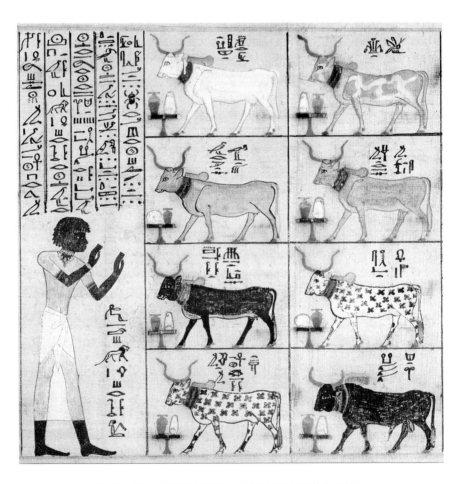

图 11 - 13   出现在帝王谷中的努比亚王子麦海尔普里

图 11 - 14　公元前 2050 年重新统一埃及的孟图霍特普二世雕像

一些考古证据表明，古代埃及有大量移民涌入的现象。靠近巴勒斯坦的戴尔—达巴地区就表现出了民族融合的迹象（见图 11 - 15）。中王国时期，利比亚人从西方、两批努比亚人从南方，进入戴尔—达巴地区，当时该地区展现了各种民族杂居的景象。戴尔—达巴地区出土了一些叙利亚长屋、巴勒斯坦短剑等西亚风格的遗迹、遗物。城市内部精英墓葬前方埋葬着驴，这应该是来自亚洲地区的葬俗。墓葬的壁画中有来自黎凡特工兵的形象；图像的整体是埃及壁画的风格，文字也是象形文字，但工兵的发饰和服装都是黎凡特式的，工兵在旅途中用吸管喝啤酒的样子也是黎凡特的风俗。象形文字书写的名字也有塞姆人的名字。这表明当时可能有大量拓荒者、劳动力和囚犯迁徙到该地区。这些人除了充当士兵，还成为军事装备作坊的工匠，与当地农民一样从事农业生产、饲养牛、捕鱼和栽培葡萄，这些场面出现在一些墓葬壁画中。1987 年，考古学家发现了一座阿玛尔纳时期的墓葬，墓主人的职位是维西尔（相当于中国古代的宰相）。他的名字阿普瑞尔（Aperel）表明他是巴勒斯坦人，墓中的随葬品都是埃及当地的产品，这表明了外族移民与当地文化的融合。

图 11-15　绘有人口迁徙场面的壁画

四　年龄与性别

　　古代埃及人始终保持着高死亡率、低出生率，平均年龄仅有 30 多岁，四五十岁的人较少。因此，年龄和经验作为社会威望因素通常在古代埃及社会的统治和教育中发挥着重要作用，古代埃及人会在必要的时候将其展示出来。精英阶层的女性却不会将年龄表现出来，因为年老的妇女可能会被视作下层人士，所以古代埃及精英女性通常隐瞒自己的真实年龄，保持神秘感，只有底层社会的女性才会把自己的年龄表现出来。拉美西斯二世的王后奈菲尔塔丽的画像是古代埃及理想化的形象，但一些细节暗示她是一位成熟的女性，例如脖子上的皱纹（见图 11–16）。

图 11–16　拉美西斯二世的王后奈菲尔塔丽

传统观点认为，古代埃及女性与男性地位平等。但是，实际情况可能更为复杂，需要综合考虑证据的特殊性、历史变化以及不同社会环境等因素。在古代埃及历史的各个时期，女性在法律和经济方面都是自主的。她们拥有财产，可以在法庭上提出指控，可以参与经济生活，可以继承财产并进行遗赠，可以立遗嘱并出庭指正，上层阶级的女性还可以管理财产，等等。然而，在很多方面，古代埃及女性却处于不利地位。首先，古代埃及女性没有受教育的权利，最好的情况是获得私人教育。这就造成了古代埃及女性识字率较低的状况。也正因如此，古代埃及女性在经济和法律领域的活动常常由男性亲属代替。其次，古代埃及普通女性不能供职于国家行政和高级祭司职位，几乎没有例外。宗教职位通常专属于男性。在新王国之前，古代埃及女性只能在女神哈托尔的祭祀仪式中供职；从新王国开始，她们也只能充当神庙中的吟唱者。再次，在社会中，她们的角色也主要是照顾家庭、参与纺织等特定行业的生产活动。最后，古代埃及女性的不平等地位在考古证据中也有所显现，古代埃及男性墓葬的随葬品通常比古代埃及女性墓葬的随葬品更为丰富，古代埃及女性墓葬中还偶尔出现前臂肢解的现象，似乎表明这些女性生前遭遇了家庭暴力。在随葬品中，小雕像存在"男红女黄"的肤色差异。肤色差异在某种程度上也是社会地位高低的体现。

古代埃及贵族或王室女性可以参与更多的社会活动，拥有更大的权力。在底比斯地区，古代埃及贵族女性可以获得一项重要的政治职能，即"太阳神阿蒙的妻子"。这不是神庙职位，而是政治职位。一位地方首领受法老恩准将女儿送到底比斯，她可以在底比斯担任这个职位。当国王年幼时，其母亲像王后一样掌握摄政权，可以参与政治，至少可以非正式地参与政治决策。在古王国时期，王后可以像宰相维西尔一样行使国家最高行政权。

公元前 2 千纪之后，一些王后可以行使部分王权，甚至掌握王权。一幅浮雕刻画的是王后奈菲尔提提正在打击敌人，而打击敌人通

常是法老的行为，这说明她可能掌握了一定的统治权，可以履行国王
的部分职能。索贝克尼弗鲁（第 12 王朝末期）、哈特舍普苏特（第
18 王朝中期）和陶沃斯瑞特（第 19 王朝末期）三位王后甚至成为国
王，掌握了王权。由于图特摩斯二世过早死亡，王后哈特舍普苏特在
图特摩斯三世时期实行实际的统治，甚至宣称自己为国王。在她统治
的第 1—第 7 年期间，哈特舍普苏特不断获取国王的各种权力。首先，
她自称"陛下"，获得国王的王名，最终获得"上下埃及之王"的称
号。其次，在她统治的前 7 年，她将自己装扮成男性国王的形象，佩
戴王冠，穿着男性法老的服装（见图 11 - 17）。然而，文献还是将她
描述为女性。在她统治第 7 年之后，她的雕像才呈现出王后的形象。

图 11 - 17　女王哈特舍普苏特

哈特舍普苏特在逐渐获得王权之后，为了说明自己统治的合法性，开始在宗教观念领域加强控制和宣传。在哈特舍普苏特葬祭庙里，关于她"神圣出生"的浮雕讲述的是以图特摩斯一世形象出现的阿蒙神赋予她生命，也就是说，她的王权是阿蒙神赋予的。后来，哈特舍普苏特试图让她的亲生女儿继承她的王位，但这严重地破坏了埃及的传统，意味着日后埃及将由女法老统治。所以，图特摩西斯三世从中阻止，哈特舍普苏特的雕像遭到修改或毁坏，神庙中她的形象和王名圈被抹掉，方尖碑上她的名字也被人用石膏填补起来。

五　结语

综上所述，古代埃及人的身份认同由多种因素决定，对于自身家乡的认同也高于对国家的认同，但考古发现的古代埃及人物形象往往都是标准化的：带假发并处于理想化的年龄。所以，对古代埃及个人身份的考察要更多地依靠文献描述。自古王国至新王国，古代埃及始终存在较为复杂的社会等级划分，各个阶层人群的墓葬、居址以及文献记载的各种职业人群的收入都可以证实这点，这在中王国时期表现得尤为明显。在古王国和新王国时期，一些墓主人往往通过墓葬的形制、壁画以及随葬品等方面的改变来提高自身的地位。虽然古代埃及社会存在复杂的等级关系，但古代埃及人并没有种族歧视的倾向，反而古代埃及因为地处亚非交界之地而成为各族人群融合的地方。在两性关系上，虽然古代埃及男性占优势，但女性也拥有较多的合法权益，在古代埃及历史上不乏十分有作为甚至成为国王的女性。

（整理者：秦超超）

第 十 二 讲

埃及萨卡拉地区的考古

萨卡拉地区（Saqqara）是埃及境内的一个古代大型墓葬区，位于开罗以南约 30 公里处，面积约 10 平方公里。萨卡拉和底比斯是古代埃及最重要的两个墓葬区，也是埃及文明遗迹最丰富的地区。在长达 4000 多年的历史发展中，萨卡拉地区从第 1 王朝至基督教时期一直被延续使用，这对我们认识古代埃及特别是早王朝和古王国时期至关重要，也有利于我们进行古代文明的对比研究。

该地至今屹立着第 3 王朝左塞王的阶梯金字塔，该金字塔在公元前 27 世纪建成。施耐德教授首先提到了萨卡拉地名的由来——即以墓葬守卫之神索卡尔（Sokar）的名字来命名。金字塔建筑与太阳神崇拜有关，古代太阳神祭祀中心赫利奥坡里斯（Heliopolis）就在现今的开罗地区。萨卡拉同样也在今日的开罗地区。在古王国和中王国时期，在开罗及其附近沿尼罗河河谷西岸建造的主要金字塔区包括阿布·拉瓦什（Abu Rawash）、吉萨（Giza）、阿布西尔（Abusir）、萨卡拉（Saqqara）、达赫舒尔（Dahshur）、埃尔—利希特（El-Lisht）、美杜姆（Meidum）（见图 12 - 1）。这些地区的金字塔入口方向是朝向东边的，应该与宗教崇拜有一定的关联性，也与各个时期的政治、经济、地理环境等因素密不可分。这些金字塔区彼此之间的距离并不远，这也使这些地区建立起了宗教联系（见图 12 - 2）。需要注意的是，这些区域的划分是现代人的划分方法，实际上这些区域之间没有明确的界限，不同名称的区域之间具有重叠性。

萨卡拉地区的陵园建造历史悠久，墓葬丰富。尽管目前在萨卡拉地区开展了许多考古工作，但由于其本身的复杂性与墓葬的丰富性，

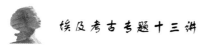

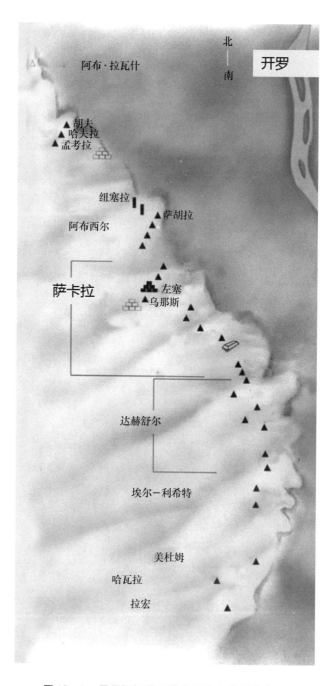

图 12 - 1　尼罗河河谷西岸主要的金字塔分布区

图 12 - 2　从萨卡拉地区向南眺望

仍然需要大量的研究工作。在第 1 王朝时期，王室选择在萨卡拉地区峭壁之上建造马斯塔巴墓。目前，考古学家在这里发现大约 20 座带有附属墓的大型墓葬，这些墓葬的墓室规模宏大。在这些墓葬当中，考古学家发现了许多刻有第 1 王朝国王名字的印章，学者们也针对这些墓葬是否属于王室墓葬进行了长期的争论。目前基本一致的观点是：国王在这一时期被埋葬在阿拜多斯（Abydos）地区，萨卡拉地区的墓葬主要埋葬了第 1 王朝的王子或者高级官员（见图 12 - 3）。目前，萨卡拉地区这些第 1 王朝的墓葬仍然可见，一些内部墓室结构和附属建筑被遗留下来，但是并没有相对完善的保护制度和体系。与第 1 王朝时期不同的是，第 2 王朝在萨卡拉地区建造的国王墓葬数量增加，而在阿拜多斯建造的国王墓葬数量减少，目前仅发现了 2—3 座，国王墓葬建造地点转变的原因目前尚不清晰。第 2 王朝之后，许多墓葬也建在了第 2 王朝墓葬的上方。例如，第 3 王朝时期，左塞王

图 12 - 3　萨卡拉北部第 1 王朝高级官员的大型墓葬

（Djoser）在这一区域建造自己的墓葬。建筑师将第 2 王朝墓葬的一部分地上建筑清除掉，把另一部分地上建筑整合起来，用于建造左塞王的墓葬。考古学家在第 5 王朝晚期国王乌那斯（Unas）的金字塔辅道之下，发现了第 2 王朝的长廊墓葬。通过考古工作，我们可以看到遗留下来的长廊墓葬中的墓室、储藏间、走廊等较为复杂的结构——包括后来左塞王金字塔的墓葬入口在内，这些墓葬的朝向都是北方，这是古王国时期国王渴望升入北部天际、成为星体的具体表现形式。第 2 王朝唯一遗留到现在的地面建筑是位于左塞王金字塔旁边的西部高台地（Western massifs）（见图 12 - 4）。当左塞王选定此地建造墓葬的时候，也将此高台地划入了他的墓葬区域。除此之外，在他的墓室西侧和东侧，考古学家分别发现了第 2 王朝建

图 12 - 4 左塞王金字塔与西部高台地

造的长廊和 11 个竖井，在长廊中还发现了 4 万件刻有第 1、2 王朝时期国王名字的石制器皿。左塞王的这些做法可能表明他希望将自己与第 2 王朝的国王联系起来。

与前两个王朝不同的是，在第 3 王朝左塞王统治时期，国王开始建造纪念碑式的建筑，即"阶梯金字塔"。"阶梯金字塔"的出现是古埃及建筑史上一个极其重要的转折点，也被誉为古代埃及最重要的单体建筑（见图 12 - 5）。为左塞王建造金字塔的建筑师名为伊姆霍特普（Imhotep），他被后人视作近乎神的"圣人"，目前学者们还没有在萨卡拉地区发现他的墓葬。左塞王的名字 Djoser 其实是在日后才被证实和使用。在古王朝时期，国王左塞使用自己的"荷鲁斯"名，即 Netjerikhet，含义为"拥有神圣躯体的人"。左塞王时期的"阶梯金字塔"并非突然出现，而是在一步步扩建中完成的，正所谓"罗马并非一日建成"。"阶梯金字塔"的建造经历了五个阶段：建造基础是第 1、2 王朝的马斯塔巴墓，之后发展出了带有四个阶梯的金字塔，最终才完成了我们目前看到的带有六个阶梯的金字塔（见图 12 – 5 和图 12 – 6）。不过，关于左塞王建立阶梯金字塔的确切原因，仍然难以得知。一种观点认为，"阶梯金字塔"是古王国彰显神圣王权的表现，因为普通民众不被允许进入这一神圣地点，所以只能提高陵墓高度以供其远眺。

左塞王陵墓地上部分结构比较复杂，四周建有围墙，南北长 545 米，东西宽 278 米，庭院内有神龛建筑，入口方向朝北，面向尼罗河。这些神龛建筑虽然含义不能确定，但施耐德教授认为这些神龛可能代表埃及的不同地区，国王通过统治这些神龛来体现对来世的统治。关于左塞王陵墓的建造意义，施耐德教授也提出了一些问题，以供大家思考。这个陵墓只是一个已逝国王的埋葬场所，还是一个来世的宫殿？庭院是否具有祭祀平台的功能？陵墓的建造是否为了左塞王进行

图 12 – 5　"阶梯金字塔"的不同建造阶段

图 12 - 6　左塞王的"阶梯金字塔"

来世统治？陵墓的建造是否是一种公开的权力展示？墓葬的地下结构同样很复杂，但由于缺乏文献记载，古埃及人为何如此营建墓葬，仍未可知（见图 12 - 7）。

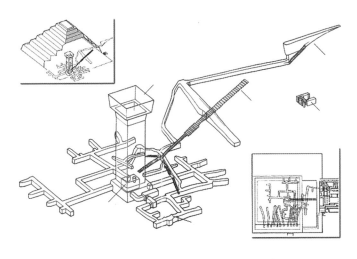

图 12 - 7　"阶梯金字塔"地下结构示意图

值得一提的是，这座墓葬在地下墓室的顶部刻画了星星，这应该反映了当时的宇宙观。与其他国王墓葬不同的是，在石棺墓室的顶部有一个如同"酒塞"一样形状的堵塞物（见图 12 - 8），施耐德教授认为这可能与当时"原始瀛水"的观念有关。金字塔建筑东边走廊部分的壁砖是蓝绿色的，以表现生机与重生。同时，地下还留存下来 6 块刻有国王形象的浮雕式的石板门，表达的意思是国王生活于此门之后（见图 12 - 9）。庭院南部的半圆形建筑物可能是一种仪式性的建筑物，国王在塞德节期间，围绕着这些建筑物进行仪式性地赛跑，以展现其具有继续统治埃及的体魄和能力（见图 12 - 10）。在庭院北部的地下室（Serdab），考古学家发现了已经破损的国王雕像，雕像守卫着陵墓北部的入口（见图 12 - 11）。除此之外，考古学家还在陵墓中发现了祭品桌、蛇形雕刻以及未完成的人形雕像等（见图 12 - 12 和图 12 - 13）。左塞王及其之后的国王所建的陵墓往往都有两个墓葬。在左塞王陵墓区的北部和南部分别建有一个墓葬，其中南边的墓葬形制很小，可能是一个假墓，上述提到的 6 块浮雕式的石板门中的 3 块位于此墓之中。有的学者认为，在南部修建墓葬，一方面是为了纪念第 1 王朝在萨卡拉南边的阿拜多斯地区埋葬的国王，另一方面也是为了表明自己的身份。在 2007 年的发掘工作中，考古队还发现在左塞王的两个墓葬中间有一条长廊，这个长廊的建造时间应该晚于左塞王统治时期。

左塞王继承者塞赫迈赫特（Sekhemkhet）的陵墓区位于左塞王陵墓的西南部，发现于 20 世纪 50 年代。陵墓区内的金字塔按照最初的建造计划应该比左塞王金字塔高出 7 层，但由于塞赫迈赫特过早去世，这个金字塔并未建完，只完成了最底层阶梯的建造。当时，考古学家还发现了密封的棺椁，但棺椁是空的。在南边的墓室内，考古队发现了一具 2 岁小孩的骨骸，据推测这具骨骸可能属于国王塞赫迈赫特。由于较早去世不适

图 12 - 8　墓室顶部阻塞物

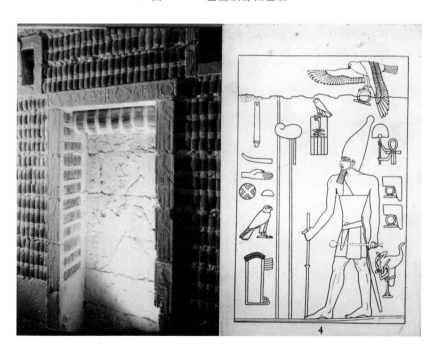

图 12 - 9　刻有国王形象的浮雕式的石板

图 12 – 10　庭院半圆形建筑物和浮雕中的仪式性赛跑

图 12 – 11　庭院北部地下室及其内部的国王雕像

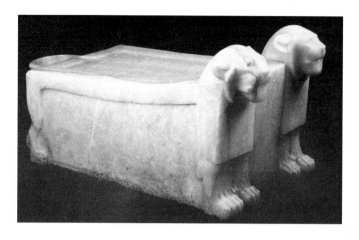

图 12 - 12 祭品桌

图 12 - 13 蛇形雕像

合葬于真正属于他的墓葬中，塞赫迈赫特便被葬于此。在第 3 王朝，政府官员的墓葬建造在左塞王陵墓区的北部。在这一时期，官员也被允许以站立的形象出现，例如发现于北部区域的第 3 王朝的官员海塞尔的墓葬嵌板（Hesire panel）展现的就是这一变化（见图 12 - 14）。

图 12 - 14　官员海塞尔的墓葬嵌板

在第 4 王朝时期的萨卡拉地区，考古队主要发现了马斯塔巴墓，没有发现王室墓葬，因为这时王室选择在达赫舒尔、吉萨、阿布·拉瓦什建造陵墓。在第 5、第 6 王朝时期，国王又回到萨卡拉和阿布西尔地区建造金字塔，这样他们能够把自己与之前埋葬于此的国王们联系起来。第 5 王朝最著名的建筑是乌那斯（Unas）金字塔（见图 12 – 15），至今这座金字塔的辅道仍保留着。第 5、第 6 王朝时期建造的金字塔虽然规模较小，但具有标准化形制（见图 12 – 16）。同时，这时的金字塔群体建筑更加着重葬祭庙的修建，第 5 王朝的国王还为了祭拜去世的国王而建造了太阳神庙（见图 12 – 17）。太阳神庙的中央是类似方尖碑的建筑，周围由房屋构成。纽塞拉（Niuserre）太阳神庙的北部建有被称为"四季房间"的建筑物，这些建筑物的墙上雕刻着动物、植物的形象，以展现四季交替（见图 12 – 18）。这一时期的国王开始在金字塔内部墙壁上刻写铭文。第 5、第 6 王朝萨卡拉地区墓葬的另一显著特点就是精英阶层开始兴建宏伟的私人陵墓，例如悌伊（Ti）、普塔舍普塞斯（Ptahshepses）、美列卢卡（Mereruka）等人的坟墓。

图 12 – 15　乌那斯金字塔

图 12 – 16　乌那斯金字塔的墓室；珀庇一世墓室；麦然拉的墓室

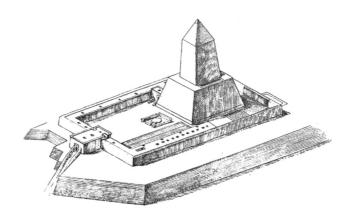

图 12 – 17　太阳神庙复原图

图 12 – 18　"四季房间"墙壁上的浮雕

在萨卡拉地区，特别值得注意的是一条围绕左塞王陵墓区建造的干沟（见图 12-19）。这条干沟的一些区域深达 20 米。此干沟在左塞王统治时期建造，于 1985 年被发现，至今仍然未能明确其属性。在古王国后期，精英阶层为了距离左塞王更近一些，便将自己的墓葬建于干沟之处。波兰考古队还在左塞王陵墓区的西侧发现了精英维西尔麦瑞夫内贝夫（Merefnebef）和奈安柯奈菲尔特姆（Nyankhnefertem）的墓葬，墓中有精美的壁画和浮雕（见图 12-20 和图 12-21）。在这个区域，考古队还发现了古埃及后期和希腊罗马时期的二次葬，由于当时的普通居民难以承受棺椁的价钱，所以他们将去世的人葬于之前的坟墓中，这也从侧面反映了当时不同社会阶层的经济状况。

图 12-19　绕左塞王陵墓区的干沟

图 12 - 20　麦瑞夫内贝夫墓葬内部

图 12 - 21　奈安柯奈菲尔特姆墓葬浮雕

考古学家在萨卡拉地区没有发现很多中王国时期的墓葬，因为中王国时期的国王一般都被埋葬在更靠南的法尤姆地区。到新王国时期，萨卡拉地区的墓葬数量开始增加。法国考古队于 20 世纪 80 年代发现了一座阿玛尔纳时期巴勒斯坦裔维西尔的雕像、阿吞祭司的雕像、图坦卡蒙乳母的雕像（见图 12 - 22）。特别值得一提的是，在萨卡拉地区，考古队还发现了一座外交官的墓葬，他生前负责运送埃及与赫梯之间签署的和平条约，该条约是在拉美西斯二世统治的第 21 年签订的（见图 12 - 23）。

英国与荷兰联合考古队在萨卡拉地区乌那斯墓葬辅道南侧，发现了第 18 王朝的末代法老郝列姆赫布的大型墓葬。这个墓葬结构也较为复杂，除了大型的地上建筑，地下也有大约相当于 4 层楼高低的建筑物。除此之外，考古队还发现了一座规模较大、模仿王室葬祭庙的私人墓葬，这座墓葬的地下结构穿透了第 2 王朝时期建造的墓葬。从第 18 王朝开始，在孟菲斯地区受到崇拜的圣牛阿庇斯去世以后，被制作成木乃伊，被运送到萨卡拉地区，安葬在左塞王墓葬南侧、乌

图 12 - 22 巴勒斯坦裔维西尔的雕像、阿吞祭司的雕像、图坦卡蒙乳母的雕像

图 12 – 23　埃及与赫梯之间签订的和平条约

那斯墓葬东侧的圣牛神庙里（见图 12 – 24）。动物木乃伊在萨卡拉地区是十分常见的，这些动物木乃伊的年代一直延续到希腊罗马时期。我们可以在墓葬长廊或地窖中发现包括朱鹭、隼鹰在内的数百万件动物木乃伊（见图 12 – 25）。

图 12 – 24　圣牛神庙及巨大石棺

图 12 - 25　动物木乃伊

（整理者：贺娅辉）

主讲人简介
（第十三讲）

马哈姆德·哈桑·阿菲菲·埃尔·谢里夫
（Mahmoud Hassan Afifi El Sherif）

2015 年 4 月起担任埃及古物部古代埃及文物司司长。埃及学常设委员会成员、国际古迹遗址理事会（ICOMOS）成员。

在开罗大学获得考古学学士和硕士学位，2008 年获得波兰华沙大学博士学位，导师是著名波兰埃及学家卡罗尔·麦斯里维奇（Karol Myśliwiec），博士论文题目为《第六王朝前半段的王权研究》。

1982 年，参加工作，担任埃及吉萨地区考古发掘督察员；2011 年至 2014 年，任开罗和吉萨地区文物管理负责人；2014 年 6 月至 2015 年 4 月，任中埃及文物管理负责人。

第十三讲

近年来埃及的考古发现

埃及被认为是世界上文化遗产最为丰富的国家之一。作为埃及文物事业的主管部门，埃及古物部下辖最高文物委员会和 7 个司级部门，包括按时期划分的法老时期文物司、伊斯兰和科普特文物司、史前文物司、秘书处、博物馆、项目司和募资司，各部门之下设有负责具体事项的办公室（见图 13 - 1）。

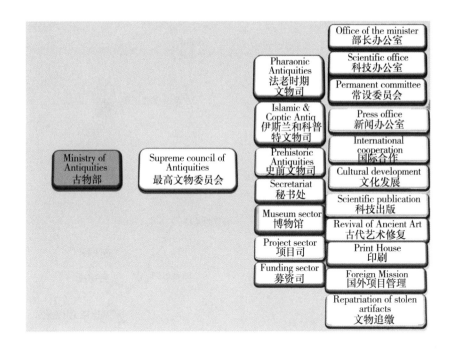

图 13 - 1　埃及古物部部门设置概况

　　埃及古物部的首要任务是依靠自身力量或与国家、国际组织合作，宣传和保护古埃及的文化遗产，并积极致力于考古发掘、文献研究和遗址保护等工作。古物部面临的最关键问题是保护从史前时期、

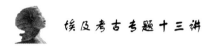

法老时期、希腊—罗马时期、科普特时期、伊斯兰时期到当代各个时期的文化遗产。2015—2016 年间，埃及古物部在尼罗河河谷、三角洲以及沙漠地区（见图 13 - 2）发现了许多新考古遗迹，开展了大量的考古工作。

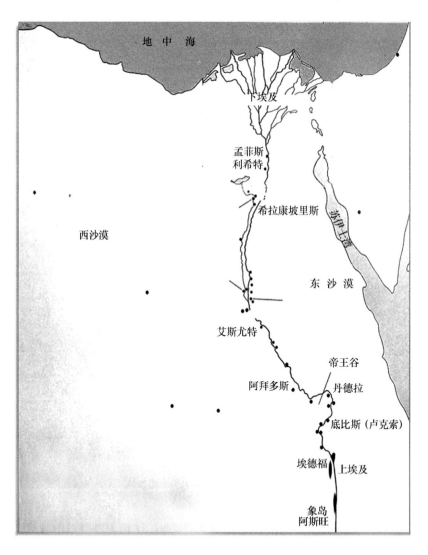

图 13 - 2　埃及考古发掘主要区域示意图

在下埃及地区（尼罗河三角洲），埃及古物部近年来发掘的遗址主要有：戴尔—阿比克因（Tell Al Abqaein）、考姆—阿齐扎（Kom Aziza）、戴尔—阿呼蒂亚（Tell al Yahudia）、戴尔—达法那（Tell Dafana）、戴尔—曼施亚（Tell El Manshia）、戴尔—赫博亚（Tell Heboua）、戴尔—法拉玛（Tell el-Farama）、戴尔—马斯古大（Tell el-Maskhuta）、戴尔—拉塔比（Tell el-Ratabee）和戴尔—特贝拉（Tell Tebela）（见图13-3）。其中戴尔—阿比克因位于亚历山大城东南75公里处，在尼罗河三角洲西部。考古队在该遗址发现了大量防御遗迹，年代可追溯到新王国时期。在位于遗址南侧的门道处，发现了拉美西斯二世时期带有铭文的门柱和门楣（见图13-4）。在2016年最

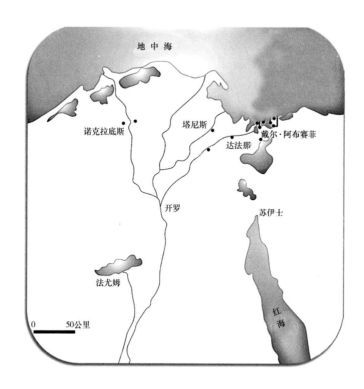

图13-3　下埃及地区发掘遗址分布示意图

图 13 - 4　拉美西斯二世时期门楣上的铭文

近的考古发掘中，考古队发现了一处拉美西斯时期的聚落和一口有水的水井，这是十分罕见的考古发现。考姆—阿齐扎位于亚历山大城东南 70公里处，尼罗河三角洲西部。考古队在该遗址发现了一处罗马时期特殊的墓地。这处墓地有不同类型的埋葬方式，从葬具的具体类型看，有类人形的陶质葬具以及单罐、双罐对接葬具（见图 13 - 5、图 13 - 6、图13 - 7），墓葬中还有各种随葬品。此外，还有一个特殊的埋葬坑，它由泥土砌成并在两侧覆盖了许多倒置的陶罐，该墓葬应该是罗马时期的。

　　戴尔—法拉玛遗址位于西奈半岛的西北部，考古队在该遗址发现了一座大型完整的带有防御设施的城址。这是一处拥有浴池、教堂、剧场等遗迹的罗马时期的城址。其中，剧场可追溯到公元 2 世纪，这是第一个在埃及发现的近乎完整的罗马时期的剧场（见图 13 - 8）。另外，考古队在这座古城中还发现了 4 座教堂，从东、西、南、北四个方向护卫着这座城市，年代可追溯到公元 4—5 世纪。

图 13 - 5 考姆—阿齐扎出土的类人形葬具

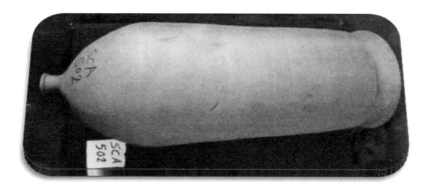

图 13 - 6 考姆—阿齐扎出土的单罐葬具

图 13 - 7　考姆—阿齐扎出土的双罐对接葬具

图 13 - 8　在戴尔—法拉玛发现的罗马时期的剧场

　　近年来，古物部考古队还发现了一处法老时期的堡垒遗迹，这座堡垒的作用可能是监控埃及的东部边防。同时，考古队还发现了一些泥砖建筑，应该是这处要塞首领的居址。戴尔—达法那在伊斯梅利亚东北 32 公里处，位于尼罗河三角洲东部。之前，考古学家在该遗址发现了一座大型的防御聚落和神庙。通过近年来的工作，考古队发现这是一处大型聚落群，时代可追溯到后期埃及（Late Egypt）。经分析，这处遗址可能是尼罗河三角洲东部地区主要的贸易枢纽，用于沟通古代埃及与西亚之间的贸易。戴尔—特贝拉位于曼苏拉东边 30 公里处，在尼罗河三角洲的东边。考古队在该遗址发现了一处多层堆积的墓葬。根据地层堆积分析，这处墓地应该沿用了很长时间，包含着不同时期的墓葬遗存。同时，也有不同类型的随葬品被发现，它们都与古代埃及来世观念相关。戴尔—曼施亚在伊斯梅利亚西边 30 公里处，位于尼罗河三角洲东部。在该遗址发现了不同类型的墓葬，年代可追溯到喜克索斯时期。喜克索斯人常常在居住区内安葬死者。此次发掘发现了一具喜克索斯士兵的骨骼，同时发现了若干随葬品（见图 13-9）。

图 13-9　喜克索斯人的墓葬

戴尔—马斯古大在伊斯梅利亚西边 35 公里处，位于尼罗河三角洲东部。近年的发掘发现了一处延续时期相当长的墓地，从新王国时期延续到罗马时期。其中最重要的发现是国王书吏肯阿蒙的墓葬。戴尔—阿呼蒂亚在亚历山大城东南部 75 公里处，位于尼罗河三角洲东部。考古队在该遗址发现了一处大型防御工事，可追溯至拉美西斯时期（第 19 王朝和第 20 王朝）。最近，考古学家在这里发掘出了一处地下墓穴，可追溯至后期埃及，出土了不同种类的遗物。

埃及古物部还在开罗和吉萨地区发掘了赫利奥坡里斯（Heliopolis）、阿喀斯尔（Al-Qasr）和阿因扎威亚（Ain al-Zawia）三处遗址。其中，赫利奥坡里斯位于开罗东北部，被称为"太阳之城"。近年，考古队员发掘了赫利奥坡里斯古城的一部分，发现了一部分新王国时期的神庙遗迹，出土了许多铭文砖。此外，还发掘出一些小型聚落和墓葬等遗迹。现在这座古城被埋在马塔亚的现代房屋之下，工作开展起来较为困难。阿喀斯尔是拜哈里耶绿洲的首府，包括一座第 26 王朝的神庙和一座托勒密时期的神庙，神庙内发现了一些带有铭文的遗物和其他物品。

在中埃及地区，近年来埃及考古队发掘的主要遗址有盖贝尔—努尔（Gebel el-Nour）和处于沙漠地区的塞马卢特（Samalut）。考古队在盖贝尔—努尔地区的贝尼斯维夫发现了一座托勒密时期的神庙和一些罗马时期的建筑，在神庙遗址中同样发现了一些铭文（见图 13 - 10）。

图 13 - 10　在盖贝尔—努尔发现的神庙铭文

另外，处于埃及西部沙漠地区的塞马卢特发现一座大型墓葬，时代为后期埃及至托勒密王朝。此外，还发现了一处托勒密王朝未被扰动过的地下墓穴，出土了一些精美的遗物。

埃及考古队在上埃及地区的发掘主要围绕阿斯旺地区附近的遗址以

及卢克索神庙展开。在阿斯旺附近的阿迦汗陵墓西侧发现了一座后埃及时期的墓葬，它是一处石穴墓，墓内出土了石灰石棺和各种精美的文物（见图 13 - 11）。在卢克索地区发现了"阿蒙霍特普"雷比乌的墓葬和萨穆特的墓葬，墓中的壁画十分精美（见图 13 - 12）。位于卡尔纳克神庙和卢克索神庙之间的是斯芬克斯大道（见图 13 - 13），长约 2700 余米，宽约 34 米，古代埃及人常在此大道上举行盛大的节日庆典。目前，埃及方面准备将其作为一处重要的文化遗产保护起来，以备日后供游客参观。此外，考古队还在卡尔纳克神庙和卢克索神庙之间发现了狮身羊面像、狮身人面像、水位计、榨酒机等重要遗物（图 13 - 14）。

图 13 - 11　阿斯旺石穴墓内出土的各类文物

图 13 - 12　卢克索神庙中的壁画

图 13 - 13　斯芬克斯大道

图 13 - 14　卡尔纳克神庙和卢克索神庙之间的水位计和狮身羊面像

中国社会科学院学部委员、时任考古研究所所长王巍研究员对这次讲座进行点评时指出：这些埃及最新的考古发现对于丰富古代埃及历史具有重大意义，也有利于专家学者更好地了解和研究古代埃及文明史。埃及方面对卢克索神庙和卡尔纳克神庙等重要遗迹的文化遗产保护措施亦非常值得借鉴。此次中埃两国的联合考古发掘将不仅有利于推动中埃两国考古以及文化遗产保护方面的合作，也将使两国学者可以就人类历史上的两大重要文明开展更为深入广泛的探讨和研究，开启中国考古走向世界的新篇章。

（整理者：秦超超）

附录　古埃及历史年表[*]

第一，学术界关于古埃及年代没有达成统一，英国著名考古学家和埃及学家伊安·肖编著的《牛津古代埃及史》（Ian Shaw ed., *The Oxford History of Ancient Egypt*, Oxford：Oxford University Press，2000）的年表是比较前沿的，也是大多数人使用的。

第二，古埃及的年代学体系的重构标准不一致，但学者们基本上依据古典作家的记载、古埃及王表、考古学上的放射性碳断代法和其他方法以及天文学文献的记载等进行重构，从而直到公元前646年之后才有了确切年代。旧石器时代一般用"约距今…年"（BP）来表示，公元前646年之前的年代用"约公元前…年"。

第三，到古王国初期，埃及统治者有五个名字。其中，最古老的名字是荷鲁斯名（第一个名字），在这个年代表中，我们给出的第1王朝至第3王朝的国王名字基本都是荷鲁斯名，左塞王的荷鲁斯名在括号内。从第4王朝开始，这个年代表给出每个国王的一个或两个王名，即王位名（第4个名字，即"上下埃及之王"名，是国王加冕时获得的名

---

[*] 本年表译自 Ian Shaw ed., *The Oxford History of Ancient Egypt*, Oxford：Oxford University Press，2000，pp. 480 – 489。

字）和出生名（第五个名字，即"拉之子"名，国王出生时获得的名字），这两个名字都写在王名圈里面。这个年代表有时也将著名国王的希腊语名字放在括号内，例如胡夫的希腊名字为奇奥普斯。第 3 王朝统治者奈布卡是否存在和其在年代学上的位置是目前存在争议的问题。

第四，在这个年代表中还有一些前后两位国王的统治年代有重合若干年的情况，重合的年份是两位国王共治的时间；也有的是同一时代不同世系的国王。

旧石器时代　　　　　　　　　　约距今 70 万—距今 7000 年

下旧石器时代　　　　　　　　　约距今 70 万/50 万—约距今 25 万年

中旧石器时代　　　　　　　　　约距今 25 万—约距今 7 万年

过渡文化群　　　　　　　　　　约距今 7 万—约距今 5 万年

上旧石器时代　　　　　　　　　约距今 5 万—约距今 2.4 万年

晚旧石器时代　　　　　　　　　约距今 2.4 万—约距今 1 万年

旧石器时代末期中石器时代早期　约距今 1 万—约距今 7000 年

撒哈拉新石器时代　　　　　　约公元前 8800—前 4700 年

早新石器时代　　　　　　　　　约公元前 8800—前 6800 年

中新石器时代　　　　　　　　　约公元前 6600—前 5100 年

晚新石器时代　　　　　　　　　约公元前 5100—前 4700 年

前王朝时期　　　　　　　　　约公元前 5300—前 3000 年

下埃及

新石器时代　　　　　　　　　　约公元前 5300—前 4000 年

（或者约距今 6400—约距今 5200 年）

马阿底文化群	约公元前 4000—前 3200 年
上埃及	

巴达里时期	**约公元前 4400—前 4000 年**
阿姆拉（涅迦达 I）时期	约公元前 4000—前 3500 年
格尔塞（涅迦达 II）时期	约公元前 3500—前 3200 年

公元前 3200 年之后，整个埃及采用相同的年代序列

涅迦达 III/"零王朝"	约公元前 3200—前 3000 年

早王朝时期	**约公元前 3000—前 2686 年**
第 1 王朝	约公元前 3000—前 2890 年

阿哈

杰尔

杰特

登

女王迈尔内特

阿内吉布

塞迈尔海特

卡阿

第 2 王朝	约公元前 2890—前 2686 年

海特普塞海姆威

拉奈布

尼奈彻尔

韦奈格

塞奈德

派瑞布森

哈塞海姆威

古王国时期	**约公元前 2686—前 2160 年**
第 3 王朝	约公元前 2686—前 2613 年
奈布卡	约公元前 2686—前 2667 年
左塞（奈彻里海特）	约公元前 2667—前 2648 年
塞海姆海特	约公元前 2648—前 2640 年
哈巴	约公元前 2640—前 2637 年
萨那赫特？	
胡尼	约公元前 2637—前 2613 年
第 4 王朝	约公元前 2613—前 2494 年
斯尼弗鲁	约公元前 2613—前 2589 年
胡夫（奇奥普斯）	约公元前 2589—前 2566 年
杰德夫拉（拉杰德夫）	约公元前 2566—前 2558 年
哈夫拉（齐夫林）	约公元前 2558—前 2532 年
孟考拉（美塞里努斯）	约公元前 2532—前 2503 年
舍普塞斯卡夫	约公元前 2503—前 2498 年
第 5 王朝	约公元前 2494—前 2345 年
乌塞尔卡夫	约公元前 2494—前 2487 年
萨胡拉	约公元前 2487—前 2475 年
尼菲利尔卡拉	约公元前 2475—前 2455 年
舍普塞斯卡拉	约公元前 2455—前 2448 年
拉奈菲尔夫	约公元前 2448—前 2445 年
尼乌塞尔拉	约公元前 2445—前 2421 年

孟考霍尔	约公元前 2421—前 2414 年
杰德卡拉	约公元前 2414—前 2375 年
乌那斯	约公元前 2375—前 2345 年
第 6 王朝	约公元前 2345—前 2181 年
泰梯	约公元前 2345—前 2323 年
乌塞尔卡拉（篡权者）	约公元前 2323—前 2321 年
珀庇一世（麦瑞拉）	约公元前 2321—前 2287 年
麦然拉	约公元前 2287—前 2278 年
珀庇二世（奈菲尔卡拉）	约公元前 2278—前 2184 年
尼提克瑞特	约公元前 2184—前 2181 年
第 7 王朝和第 8 王朝	约公元前 2181—前 2160 年

大量国王，都称奈菲尔卡拉，或许是模仿珀庇二世的做法。

第一中间期	**约公元前 2160—前 2055 年**
第 9 王朝和第 10 王朝	约公元前 2160—前 2025 年
（赫拉克利奥坡里斯人）	
海梯（麦瑞伊布拉）	
海梯（奈布考拉）	
海梯（瓦哈拉）	
麦瑞卡拉	
第 11 王朝（仅限于底比斯）	约公元前 2125—前 2055 年
［孟图霍特普一世（泰皮 - 阿："祖先"）］	
荫太夫一世（塞赫尔塔威）	约公元前 2125—前 2112 年
荫太夫二世（瓦安柯）	约公元前 2112—前 2063 年

荫太夫三世（纳赫特奈布泰普

　　奈菲尔）　　　　　　　　　约公元前 2063—前 2055 年

中王国时期　　　　　　　　　**约公元前 2055—前 1650 年**

第 11 王朝（整个埃及）　　　　约公元前 2055—前 1985 年

孟图霍特普二世（奈布海培特拉）　约公元前 2055—前 2004 年

孟图霍特普三世（萨柯卡拉）　　约公元前 2004—前 1992 年

孟图霍特普四世（奈布塔威拉）　约公元前 1992—前 1985 年

第 12 王朝　　　　　　　　　　约公元前 1985—前 1773 年

阿蒙尼姆赫特一世（塞海泰普伊布拉）约公元前 1985—前 1956 年

森沃斯瑞特一世（海派尔卡拉）　约公元前 1956—前 1911 年

阿蒙尼姆赫特二世（努布考拉）　约公元前 1911—前 1877 年

森沃斯瑞特二世（哈凯普拉）　　约公元前 1877—前 1870 年

森沃斯瑞特三世（哈考拉）　　　约公元前 1870—前 1831 年

阿蒙尼姆赫梯三世（尼玛阿特拉）　约公元前 1831—前 1786 年

阿蒙尼姆赫梯四世（玛阿柯鲁拉）　约公元前 1786—前 1777 年

女王索贝克尼夫鲁（索贝克卡拉）　约公元前 1777—前 1773 年

第 13 王朝　　　　　　　　　　约公元前 1773—前 1650 年之后

威嘎夫（胡塔维拉）

索贝克霍特普二世（塞海姆拉—胡塔威）

伊海尔奈菲尔特　奈菲尔霍特普（萨赫塔威—塞赫姆拉）

阿姆尼—荫太夫—阿蒙尼姆赫特（萨赫伊布拉）

霍尔（阿威布拉）

海恩杰尔（乌塞尔卡拉）

索贝克霍特普三世（塞赫姆拉—塞瓦杰塔威）

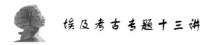

奈菲尔霍特普一世（哈塞海姆拉）

萨哈托尔

索贝克霍特普四世（哈奈菲尔拉）

索贝克霍特普五世

阿伊（迈尔奈菲尔拉）

第 14 王朝　　　　　　　　　　约公元前 1777—前 1650 年

很多不太著名的统治者，或许与第 13 王朝和第 15 王朝的统治者处于
　　同一时代。

第二中间期　　　　　　　　　　约公元前 1650—前 1550 年

第 15 王朝（喜克索斯人）　　　　约公元前 1650—前 1550 年

萨利悌斯/塞凯尔海尔

希安（森沃斯瑞恩拉）　　　　　　约公元前 1600 年

阿培皮（阿沃塞尔拉）　　　　　　约公元前 1555 年

哈姆蒂

第 16 王朝　　　　　　　　　　　约公元前 1650—前 1580 年

底比斯早期统治者，与第 15 王朝处于同一时代。

第 17 王朝　　　　　　　　　　　约公元前 1580—前 1550 年

拉霍特普

索贝克姆萨夫一世

荫太夫六世（塞赫姆拉）

荫太夫七世（努布海普拉）

荫太夫八世（塞赫姆拉海尔海尔玛阿特）

索贝克姆萨夫二世

希阿姆恩（？）

塔阿（塞纳赫特恩拉/塞凯内恩拉）　　　约公元前 1560 年

卡摩斯（瓦杰海普拉）　　　　　　　　约公元前 1555—前 1550 年

新王国时期　　　　　　　　　　　**约公元前 1550—前 1069 年**

第 18 王朝　　　　　　　　　　　　　约公元前 1550—前 1295 年

阿赫摩斯（奈布派赫提拉）　　　　　　约公元前 1555—前 1525 年

阿蒙霍特普一世（杰塞尔卡拉）　　　　约公元前 1525—前 1504 年

图特摩斯一世（阿海派尔卡拉）　　　　约公元前 1504—前 1492 年

图特摩斯二世（阿海派尔恩拉）　　　　约公元前 1492—前 1479 年

图特摩斯三世（麦恩海派尔拉）　　　　约公元前 1479—前 1425 年

女王哈特舍普苏特（玛阿特卡拉）　　　约公元前 1473—前 1458 年

阿蒙霍特普二世（阿海派尔乌拉）　　　约公元前 1427—前 1400 年

图特摩斯四世（麦恩海派尔乌拉）　　　约公元前 1400—前 1390 年

阿蒙霍特普三世（奈布玛阿特拉）　　　约公元前 1390—前 1352 年

阿蒙霍特普四世/埃赫那吞

　　（奈菲尔海派尔乌拉瓦恩拉）　　　约公元前 1352—前 1336 年

奈菲尔奈菲尔乌阿吞（塞麦恩赫卡拉）约公元前 1338—前 1336 年

图坦卡蒙（奈布海派尔乌拉）　　　　　约公元前 1336—前 1327 年

阿伊（海派尔海派尔乌拉）　　　　　　约公元前 1327—前 1323 年

郝列姆赫布（杰塞尔海派尔乌拉）　　　约公元前 1323—前 1295 年

拉美西斯时代　　　　　　　　　　**约公元前 1295—前 1069 年**

第 19 王朝　　　　　　　　　　　　　约公元前 1295—前 1186 年

拉美西斯一世（麦恩派赫提拉）　　　　约公元前 1295—前 1294 年

塞梯一世（麦恩玛阿特拉）　　　　　　约公元前 1294—前 1279 年

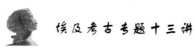
拉美西斯二世（乌塞尔玛阿特拉
　　塞泰普恩拉）　　　　　　　　　约公元前 1279—前 1213 年

美楞普塔（巴恩拉）　　　　　　　约公元前 1213—前 1203 年

阿蒙麦斯苏（麦恩米拉）　　　　　约公元前 1203—前 1200 年(？)

塞梯二世（乌塞尔海派尔乌拉
　　塞泰普恩拉）　　　　　　　　约公元前 1200—前 1194 年

萨普塔（阿赫恩拉塞泰普恩拉）　　约公元前 1194—前 1188 年

女王塔沃斯瑞特（希特拉麦瑞特阿蒙）约公元前 1188—前 1186 年

第 20 王朝　　　　　　　　　　**约公元前 1186—前 1069 年**

塞特那赫特（乌塞尔卡乌拉
麦瑞阿蒙）　　　　　　　　　　约公元前 1186—前 1184 年

拉美西斯三世（乌塞尔玛阿特拉
　　麦瑞阿蒙）　　　　　　　　　约公元前 1184—前 1153 年

拉美西斯四世（海卡玛阿特拉
　　塞泰普恩阿蒙）　　　　　　　约公元前 1153—前 1147 年

拉美西斯五世（乌塞尔玛阿特拉
　　塞海派尔恩拉）　　　　　　　约公元前 1147—前 1143 年

拉美西斯六世（奈布玛阿特拉
　　麦瑞阿蒙）　　　　　　　　　约公元前 1143—前 1136 年

拉美西斯七世（乌塞尔玛阿特拉
　　塞泰普恩拉　麦瑞阿蒙）　　　约公元前 1136—前 1129 年

拉美西斯八世（乌塞尔玛阿特拉
　　阿柯恩阿蒙）　　　　　　　　约公元前 1129—前 1126 年

拉美西斯九世（奈菲尔卡拉
　　塞泰普恩拉）　　　　　　　　约公元前 1126—前 1108 年

拉美西斯十世（海派尔玛阿特拉

    塞泰普恩拉）   约公元前 1108—前 1099 年

拉美西斯十一世（麦恩玛阿特拉

    塞泰普恩普塔）   约公元前 1099—前 1069 年

第三中间期   **约公元前 1069—前 664 年**

第 21 王朝   约公元前 1069—前 945 年

斯门德斯（海杰海派尔拉

    塞泰普恩拉）   约公元前 1069—前 1043 年

阿蒙姆尼苏（奈菲尔卡拉）   约公元前 1043—前 1039 年

普苏森尼斯一世［帕塞伯阿柯恩尼乌特］

    （阿海派尔拉 塞泰普恩阿蒙）   约公元前 1039—前 991 年

阿蒙尼姆普（乌塞尔玛阿特拉

    塞泰普恩阿蒙）   约公元前 993—前 984 年

老奥索尔孔（阿海派尔拉

    塞泰普恩拉）   约公元前 984—前 978 年

希阿蒙（奈杰尔海派尔拉

    塞泰普恩阿蒙）   约公元前 978—前 959 年

普苏森尼斯二世［帕塞伯阿柯恩尼乌特］

    （提特海派尔乌拉 塞泰普恩拉） 约公元前 959—前 945 年

第 22 王朝   约公元前 945—前 715 年

佘尚克一世（海杰海派尔拉）

奥索尔孔一世（塞海姆海派尔拉）

塔克洛特一世

奥索尔孔二世（乌塞尔玛阿特拉）

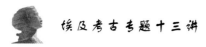

塔克洛特二世（海杰海派尔拉）

佘尚克三世（乌塞尔玛阿特拉）

皮马伊（乌塞尔玛阿特拉）

佘尚克五世（阿海派尔拉）

奥索尔孔四世

第 23 王朝 　　　　　　　　　　　约公元前 818—前 715 年

国王来自各个中心区，与第 22 王朝晚期、第 24 王朝和第 25 王朝早期

　　处于同一时代，包括下面这些国王：

陪都巴斯提斯一世（乌塞尔玛阿特拉）

伊乌普特一世

佘尚克四世

奥索尔孔三世（乌塞尔玛阿特拉）

塔克洛特三世

鲁德阿蒙

派夫查乌阿威巴斯特

伊乌普特二世

第 24 王朝 　　　　　　　　　　　约公元前 727—前 715 年

巴肯瑞奈夫（巴克霍利斯）　　　　　约公元前 720—前 715 年

第 25 王朝 　　　　　　　　　　　约公元前 747—前 656 年

庇伊（麦恩海派尔拉）　　　　　　　约公元前 747—前 716 年

沙巴卡（奈菲尔卡拉）　　　　　　　约公元前 716—前 702 年

沙比特卡（杰德考拉）　　　　　　　约公元前 702—前 690 年

塔哈尔卡（胡奈菲尔泰姆拉）　　　　约公元前 690—前 664 年

塔努塔玛尼（巴卡拉）　　　　　　　公元前 664—前 656 年

后期埃及	**公元前664—前332年**
第26王朝	公元前664—前525年
奈卡乌一世	公元前672—前664年
普萨美提克一世（瓦西布拉）	公元前664—前610年
奈卡乌二世（威赫米布拉）	公元前610—前595年
普萨美提克二世（奈菲尔伊布拉）	公元前595—前589年
安普利斯（哈阿伊布拉）	公元前589—前570年
阿赫摩斯二世［阿玛西斯］	
（海奈姆伊布拉）	公元前570—前526年
普萨美提克三世（安柯卡恩拉）	公元前526—前525年
第27王朝（第一个波斯统治时期）	公元前525—前404年
冈比西斯	公元前525—前522年
大流士一世	公元前522—前486年
薛西斯一世	公元前486—前465年
阿塔薛西斯一世	公元前465—前424年
大流士二世	公元前424—前405年
阿塔薛西斯二世	公元前405—前359年
第28王朝	公元前404—前399年
阿米尔泰奥斯	公元前404—前399年
第29王朝	公元前399—前380年
奈菲利提斯一世［奈法阿鲁德］	公元前399—前393年
哈考尔［阿考里斯］	
（海奈姆玛阿特拉）	公元前393—前380年
奈菲利提斯二世	约公元前380年
第30王朝	公元前380—前343年

奈克塔尼布一世（海派尔卡拉）	公元前 380—前 362 年
泰奥斯（伊尔马　阿吞拉）	公元前 362—前 360 年
奈克塔尼布二世（塞奈杰姆伊布拉 　　塞泰普恩安胡尔）	公元前 360—前 343 年
第 31 王朝（第二个波斯统治时期）	公元前 343—前 332 年
阿塔薛西斯三世　奥库斯	公元前 343—前 338 年
阿尔塞斯	公元前 338—前 336 年
大流士三世　柯多曼	公元前 336—前 332 年

托勒密时期	**公元前 332—前 30 年**
马其顿王朝	**公元前 332—前 310 年**
亚历山大大帝	公元前 332—前 323 年
腓力普·阿里多斯	公元前 323—前 317 年
亚历山大四世	公元前 317—前 310 年
托勒密王朝	**公元前 305—前 30 年**
托勒密一世　索塔尔一世	公元前 305—前 285 年
托勒密二世　菲拉戴尔夫斯	公元前 285—前 246 年
托勒密三世　奥厄葛提斯	公元前 246—前 221 年
托勒密四世　菲洛怕托尔	公元前 221—前 205 年
托勒密五世　埃庇法尼斯	公元前 205—前 180 年
托勒密六世　菲洛密托尔	公元前 180—前 145 年
托勒密七世　新菲洛帕托尔	公元前 145 年
托勒密八世　奥厄葛提斯二世	公元前 170—前 116 年
托勒密九世　索塔尔二世	公元前 116—前 107 年
托勒密十世　亚历山大一世	公元前 107—前 88 年

托勒密九世　索塔尔二世

　　（恢复权力之后）　　　　　　　公元前 88—前 80 年

托勒密十一世　亚历山大二世　　　公元前 80 年

托勒密十二世　新狄奥尼索斯

　　（奥勒提斯）　　　　　　　　　公元前 80—前 51 年

克娄巴特拉七世　菲洛怕托尔　　　公元前 51—前 30 年

托勒密十三世　　　　　　　　　　公元前 51—前 47 年

托勒密十四世　　　　　　　　　　公元前 47—前 44 年

托勒密十五世　凯撒琳　　　　　　公元前 44—前 30 年

罗马人统治时期　　　　　　　　**公元前 30—公元 395 年**

奥古斯都　　　　　　　　　　　　公元前 30—公元 14 年

提比略　　　　　　　　　　　　　公元 14—37 年

盖乌斯（卡里古拉）　　　　　　　公元 37—41 年

克劳迪　　　　　　　　　　　　　公元 41—54 年

尼禄　　　　　　　　　　　　　　公元 54—68 年

加尔巴　　　　　　　　　　　　　公元 68—69 年

奥托　　　　　　　　　　　　　　公元 69 年

韦斯巴芗　　　　　　　　　　　　公元 69—79 年

提图斯　　　　　　　　　　　　　公元 79—81 年

多米提安　　　　　　　　　　　　公元 81—96 年

尼尔瓦　　　　　　　　　　　　　公元 96—98 年

图拉真　　　　　　　　　　　　　公元 98—117 年

哈德良　　　　　　　　　　　　　公元 117—138 年

安东尼乌斯·皮乌斯　　　　　　　公元 138—161 年

马库斯·奥勒留 公元 161—180 年

鲁西乌斯·维鲁斯 公元 161—169 年

科莫多斯 公元 180—192 年

塞普提米乌斯·塞维鲁 公元 193—211 年

卡拉卡拉 公元 198—217 年

盖塔 公元 209—212 年

马克里努斯 公元 217—218 年

狄杜梅尼阿努斯 公元 218 年

塞维鲁·亚历山大 公元 222—235 年

高迪安三世 公元 238—242 年

菲利普 公元 244—249 年

迪西乌斯 公元 249—251 年

盖鲁斯和瓦鲁西安努斯 公元 251—253 年

瓦勒良 公元 253—260 年

加列努斯 公元 253—268 年

马克里安努斯和奎图斯 公元 260—261 年

奥勒良 公元 270—275 年

普罗布斯 公元 276—282 年

戴克里先 公元 284—305 年

马克西米安 公元 286—305 年

盖勒留 公元 293—311 年

君士坦提乌斯 公元 293—306 年

君士坦丁一世 公元 306—337 年

马克辛提乌斯 公元 306—312 年

马克西米努斯·戴亚 公元 307—324 年

利希尼乌斯	公元 308—324 年
君士坦丁二世	公元 337—340 年
君士坦斯（共治者）	公元 337—350 年
君士坦提乌斯二世（共治者）	公元 337—361 年
马格尼提乌斯（共治者）	公元 350—353 年
叛教者朱利安	公元 361—363 年
朱威安	公元 363—364 年
瓦伦提尼安一世（西方）	公元 364—375 年
瓦伦斯（共治者，东方）	公元 364—378 年
格拉提安（共治者，西方）	公元 375—383 年
提奥多西乌斯（共治者）	公元 379—395 年
瓦伦提尼安二世（共治者，西方）	公元 383—392 年
尤金尼乌斯（共治者）	公元 392—394 年

参考书目

中　文

丹尼丝·施曼特—贝瑟拉:《文字起源》,王乐洋译,商务印书馆
　　2015 年版。

葛会鹏:《古埃及与努比亚关系研究》,复旦大学博士学位论文,
　　2013 年。

拱玉书、颜海英、葛会英:《苏美尔、埃及及中国古文字比较研究》,
　　科学出版社 2009 年版。

郭丹彤:《古代埃及象形文字文献译注》,东北师范大学出版社 2015
　　年版。

郭子林:《古埃及托勒密王朝专制王权研究》,中国社会科学出版社
　　2015 年版。

金寿福:《古埃及〈亡灵书〉》,商务印书馆 2016 年版。

李模:《诸神的仆人们——古代埃及祭司研究》,书海出版社 2001 年版。

李晓东:《埃及历史铭文举要》,商务印书馆 2007 年版。

令狐若明:《埃及学研究:辉煌的古埃及文明》,吉林大学出版社

2008 年版。

刘文鹏：《埃及考古学》，生活·读书·新知三联书店 2008 年版。

刘文鹏：《古代埃及史》，商务印书馆 2000 年版。

罗莎莉·戴维：《探寻古埃及文明》，李晓东译，商务印书馆 2007
年版。

马克·科利尔、比尔·曼利：《古埃及圣书字导读》，陈永生译，商务
印书馆 2015 年版。

蒲慕州：《法老的国度：古埃及文化史》，广西师范大学出版社 2003
年版。

王海利：《法老与学者：埃及学的历史》，北京师范大学出版社 2010
年版。

王海利：《失落的玛阿特古代埃及文献〈能言善辩的农民〉研究》，
北京大学出版社 2013 年版。

英　文

Allen J. P., *Ancient Egyptian*, Cambridge, 2013.

Allen J. P., *Middle Egyptian*: *An Introduction to the Language and Culture
of Hieroglyphs*, Cambridge, 2010.

Allen, J. P., *Genesis in Egypt*: *The Philosophy of Ancient Egyptian
Creation Account*, New Haven, 1988.

Andrén, A., *Between Artifacts and Texts*: *Historical Archaeology in Global
Perspective*, New York: Plenum Press, 1998.

Baines, John., *Visual and Written Culture in Ancient Egypt*, Oxford
University Press, 2007.

Bard K. A. (ed.), *Encyclopedia of the Archaeology of Ancient Egypt*, London and New York, 1999.

Bard K. A. (ed.), *Introduction to the Archaeology of Ancient Egypt*, Malden, MA and Oxford, 2007.

Breasted, J. H., *Development of Religion and Thought in Ancient Egypt*, Pennsylvania, 1972.

Butzer, K. W., *Early Hydraulic Civilization in Egypt: A Study in Cultural Ecology*, Chicago, 1976.

Carrott, R. G., *The Egyptian Revival: Its Sources, Monuments, and Meaning 1808 – 1858*, Berkeley, 1978.

Casson, Lionel. *Everyday life in Ancient Egypt*, JHU Press, 2001.

Curl, J. S., *Egyptomania: The Egyptian Revival: An Introductory Study of a Recurring Theme in the History of Taste*, London, 1982.

Davies, W. Vivian, *Colour and Painting in Ancient Egypt*, British Museum Press, 2001.

Dawson, W. R., *Who Was Who in Egyptology*, London: Egypt Exploration Society, 1995.

Drower, M., *Flinders Petrie: A Life in Archaeology*, Madison: University of Wisconsin Press, 1995.

Edwards, Iorwerth Eiddon Stephen, *The Pyramids of Egypt*, Penguin Group, USA, 1993.

Emery, W. B., *Archaic Egypt*, London, 1961.

Erman A., *Ancient Egyptian Literature*, Routledge Ltd, 2013.

Fowden, G., *The Egyptian Hermes: A Historical Approach to the Late Pagan Mind*, Princeton, 1986.

France, P. , *The Rape of Egypt: How Europeans Stripped Egypt of Its Heritage*, London: Barrie & Jenkins, 1991.

Frankfort, H. , *Ancient Egyptian Religion*, New York, 1961.

Grimal N. , *A History of Ancient Egypt*, Wiley-Blackwell, 1994.

Hartwig, Melinda K. , ed. *A Companion to Ancient Egyptian Art*, John Wiley & Sons, 2014.

Hodel-Hoenes, Sigrid, *Life and Death in Ancient Egypt: Scenes from Private Tombs in New Kingdom Thebes*, Cornell University Press, 2000.

Hornung, E. et al, *Ancient Egyptian Chronology*, Leiden, 2006.

Hornung, Erik, and David Lorton, *Akhenaten and the Religion of Light*, Cornell University Press, 2001.

Hornung, Erik, and David Lorton, *The Ancient Egyptian Books of the Afterlife*, Cornell University Press, 1999.

Hornung, Erik, and John Baines, *Conceptions of God in Ancient Egypt: The One and the Many*, Cornell University Press, 1996.

Humbert J. -M. et al. , *Egyptomania: Egypt in Western Art 1730 – 1930*, Ottowa, 1994.

Iverson, E. , *The Myth of Egypt and Its Hieroglyphics in European Tradition*, Princeton, 1993.

James, T. G. H. , *Excavating in Egypt: The Egypt Exploration Society 1882 – 1982*, London, 1982.

Kanawati N. , *Tombs and Beyond. Burial Customs of the Egyptian Officials*, Warminster, 2002.

Kemp, B. J. , *Ancient Egypt. Anatomy of a Civilization*, London and New York, 2006.

Kitchen, K. A. , *The Third Intermediate Period in Egypt* (*1100 – 650 B. C.*) , 2nd ed. , Warminster, 1986.

Lichtheim M. , *Ancient Egyptian Literature*: *a Book of Readings*, Berkeley, 2006.

Lloyd A. B. , *A Companion to Ancient Egypt*, Oxford, 2010.

Meskell, L. , *Archaeologies of Social Life*: *Age*, *Sex*, *Class et cetera in Ancient Egypt*, Oxford and Malden, MA, 1999.

Meskell, L. , *Archaeology under Fire*: *Nationalism*, *Politics and Heritage in the Eastern Mediterranean and Middle East*, London, 1998.

Meskell, L. , *Object Worlds in Ancient Egypt*, Oxford and New York, 2004.

Meskell, Lynn, *Private Life in New Kingdom Egypt*, Vol. 101, Princeton, 2002.

Moreno Garcia J. C. , *Ancient Egyptian Administration*, Leiden, Boston, 2013.

Morenz, S. , *Egyptian Religion*, New York, 1996.

Parker, R. A. , *The Calendars of Ancient Egypt*, Chicago, 1950.

Parker, R. A. , "The Sothic Dating of the Twelfth and Eighteenth Dynasties," in *Studies in Honor of George R. Hughes*, SAOC 39, Chicago, 1976.

Parkinson, R. , *Cracking Codes*: *The Rosetta Stone and Decipherment*, Berkeley, 1999.

Quirke S. , *Exploring Religion in Ancient Egypt*, Somerset, 2014.

Redfod, D. B. , *Pharaonic King-Lists*, *Annals and Day-books*, Missisauga, 1986.

Redford, Donald B. , ed. , *The Ancient Gods Speak: A Guide to Egyptian Religion*, Oxford University Press, 2002.

Reeves, N. , *Ancient Egypt: The Great Discoveries*, London, 2000.

Reid, D. M. , *Whose Pharaohs? Archaeology, Museums, and Egyptian National Identity from Napoleon to World War I*, Berkeley, 2002.

Richards, Janet, *Society and Death in Ancient Egypt: Mortuary Landscapes of the Middle Kingdom*, Cambridge University Press, 2005.

Robins, Gay, *The Art of Ancient Egypt*, Harvard University Press, 2008.

Robins, Gay, *Women in Ancient Egypt*, Harvard University Press, 1993.

Shaw I. , *Ancient Egyptian Technology and Innovation*, London, 2012.

Shaw I. , *The Oxford History of Ancient Egypt*, Oxford University Press, 2003.

Smith, William Stevenson, and William Kelly Simpson, *The Art and Architecture of Ancient Egypt*, Vol. 14, Yale University Press, 1998.

Trigger B. G. et al. , *Ancient Egypt: A Social History*, Cambridge and New York, 1983.

Trigger B. G. , Kemp B. J. , O'Connor D. , Lloyd A. B. , *Ancient Egyptian Society*, Pittsburgh, 1990.

Trigger, B. G. , *A History of Archaeological Thought*, Cambridge, 2006.

Tyldesley, Joyce, *Judgement of the Pharaoh: Crime and Punishment in Ancient Egypt*, London, 2000.

Vercoutter, J. , *The Search for Ancient Egypt*, London, 1992.

Wendrich W. (ed.), *Egyptian Archaeology*, Oxford and Malden, MA, 2010.

Wengrow, D. , *The Archaeology of Early Egypt: Social Transformations in*

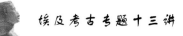

North-East Africa, *10000 to 2650 B. C.* , Cambridge and New York, 2006.

Wilkinson R. H. , *The Complete Temples of Ancient Egypt*, Londres, 2000.

Wilson, J. A. , *Signs and Wonders upon Pharaoh*: *A History of American Egyptology*, Chicago, 1964.

Wilson, J. A. , *Thousands of Years*: *An Archaeologist's Search for Ancient Egypt*, New York, 1972.

编　后　记

　　为配合我院创新工程重大项目—"赴埃及考古发掘与研究"的顺利实施，在考古研究所领导的统一部署和安排下，由科研处具体负责组织了2016年度"埃及考古系列学术讲座"。为此，我们先后邀请了6位国内外知名的埃及学专家、埃及考古专家莅临考古研究所，共举办了13场专题学术讲座。该系列讲座主题突出，内容丰富，前来听讲座的除本所同仁外，还有来自中国社会科学院世界历史研究所、民族学与人类学研究所、中国国家博物院、故宫博物院、首都博物馆的专业人士，以及来自北京大学、中国人民大学、北京师范大学、中央民族大学、首都师范大学、中国社会科学院研究生院的师生们。每一场讲座均安排有提问和答疑环节，现场听众踊跃提问，主讲嘉宾耐心解答，有时针对埃及学研究和埃及考古中的一些重要问题展开热烈讨论，令该系列讲座的学术性和趣味性并举。该系列讲座的成功举办，不仅为我所今后开展埃及考古发掘与研究项目提供了有利的学术支撑，也为深入推动国际间埃及考古的合作与交流搭建了崭新的平台。

　　本书主要根据6位主讲嘉宾的13场埃及考古专题讲座纪要系统整理而成，按讲座时间先后顺序编排。根据讲座内容的不同，我们有针对性地选择了 280 余幅地图、遗迹、遗物线图、复原图、各类照片等插入文中，并在讲座纪要文后整理、附加了古埃及历史年表和参考书目，便于读者对古埃及文明及相关知识的阅读理解。本书是集体成果的结晶，蕴含着 6 位主讲嘉宾的辛劳和智慧，在此向首都师范大学金寿福教授、东北师范大学郭丹彤教授、李晓东教授、美国驻以色列考古研究所所长马修·亚当斯博士、加拿大英属哥伦比亚大学托马斯·施耐德教授、埃及古物部古代埃及文物司司长马哈姆德·哈桑·阿菲菲博士表示诚挚的感谢！上述 6 位主讲嘉宾能够百忙之中抽出时间，愉快地接受考古研究所的邀请，认真准备每一场讲座，给我们带来了 13 场埃及考古的盛宴，他们渊博的学识和严谨的治学精神给我们留下了深刻的印象。为了更好地体现该系列讲座的学术价值，讲座完成后，我们征得每一位主讲嘉宾的同意，由科研处负责组织讲座纪要的系统整理工作。这项工作并不轻松，尤其是包含有 7 场英文讲座，翻译任务很重，中国社会科学院世界历史研究所郭子林副研究员、考古研究所青年科研人员高伟、贺娅辉、秦超超、张旭、朱彦臻承担了这项工作任务，他们精诚团结，互相协作，充分发挥各自专业优势，加班加点，高质量如期完成了 13 场讲座纪要整理任务，为本书的顺利出版奠定了基础，对他们付出的辛劳表示感谢！书稿完成后，由中国社会科学院考古研究所刘国祥研究员、世界历史研究所郭子林副研究员通阅并审定。

在本书编辑出版的过程中，得到了中国社会科学院学部委员、外国考古研究中心主任王巍研究员、中国社会科学院考古研究所所长陈星灿研究员、中国社会科学院考古研究所党委书记刘政先生、中国社会科学院世界历史研究所党委书记王苏粤先生、中国社会科学出版社社长赵剑英先生、英属哥伦比亚大学荆志淳教授的大力支持，在此深表谢意！中国社会科学出版社郭鹏编审作为本书的责任编辑，对待工作尽职尽责，一丝不苟，精益求精，付出了辛勤的汗水，特此致谢！

本书如有不当之处，敬请学界同仁和古埃及文明爱好者批评指正。

刘国祥

2017 年 6 月 19 日